1 MONTH OF FREE READING

at

www.ForgottenBooks.com

By purchasing this book you are eligible for one month membership to ForgottenBooks.com, giving you unlimited access to our entire collection of over 1,000,000 titles via our web site and mobile apps.

To claim your free month visit:

www.forgottenbooks.com/free395991

* Offer is valid for 45 days from date of purchase. Terms and conditions apply.

ISBN 978-0-483-27618-5
PIBN 10395991

This book is a reproduction of an important historical work. Forgotten Books uses state-of-the-art technology to digitally reconstruct the work, preserving the original format whilst repairing imperfections present in the aged copy. In rare cases, an imperfection in the original, such as a blemish or missing page, may be replicated in our edition. We do, however, repair the vast majority of imperfections successfully; any imperfections that remain are intentionally left to preserve the state of such historical works.

Forgotten Books is a registered trademark of FB &c Ltd.
Copyright © 2018 FB &c Ltd.
FB &c Ltd, Dalton House, 60 Windsor Avenue, London, SW19 2RR.
Company number 08720141. Registered in England and Wales.

For support please visit www.forgottenbooks.com

HISTOIRE
LITTÉRAIRE
DU MAINE

PAR

B. HAURÉAU

MEMBRE DE L'INSTITUT

NOUVELLE ÉDITION

TOME QUATRIÈME

PARIS

DUMOULIN, LIBRAIRE

QUAI DES GRANDS-AUGUSTINS, 13

1872

HISTOIRE LITTÉRAIRE DU MAINE

DESBOYS DU CHASTELET (RENÉ).

René Desboys du Chastelet, né à La Flèche (1) en l'année 1619, avait été destiné par ses parents à quelque magistrature provinciale. Comme ils s'estimaient nobles, de cette noblesse qui, disait-on, venait de la robe, ils se plaisaient à supposer que leur fils, doué d'un esprit vif et résolu, ferait honneur à leur maison dans les emplois les plus enviés. Cependant le jeune René devait bientôt tromper ces espérances. Ennuyé de vivre sous la tutelle sévère et peu généreuse de ses parents, il les quitta pour se faire soldat. « Le désespoir engendre, dit-il, les « soldats et les moines (2) : » notre désespéré, que son tempérament poussait vers les camps et non vers le cloître, fut dès l'abord enrôlé dans le régiment du sieur Du Tot de Gonfreville, et conduit, en

---

(1) *L'Odyssée*, p. 81.
(2) *Ibid.*, p. 1.

1640, au siége d'Arras. Il y servit comme enseigne, ayant promptement obtenu ce grade. Il aurait peut-être aussi facilement atteint les grades supérieurs, s'il était resté soldat ; mais, aussitôt après le siége d'Arras, il éprouva pour le métier des armes un dégoût invincible, et se mit en tête d'aller étudier le droit civil à l'école d'Orléans. Personne n'essaya de le retenir et il partit.

A peine arrivé dans la ville d'Orléans, René Desboys avait oublié ses projets d'étude et ne songeait qu'à se divertir ; mais les divertissements, à tout âge, sont coûteux, et l'argent lui manquait. Il eut ainsi la douleur de voir finir un carnaval sans avoir pu prendre une part active aux folies de ses camarades, et, s'étant engagé, durant le carême, dans une aventure galante, il eut la honte d'y échouer, faute d'argent. Il avait alors, dit-il, tristement résolu de se distraire en fréquentant l'école et en lisant le Digeste, quand un jour, s'étant querellé sur les bords de la Loire avec des bateliers, il fut rudoyé par ces manants, qui le mirent en fuite en lui volant son manteau. Privé de ce manteau, quelle figure allait-il faire ? Il ne pouvait toutefois le remplacer, dans l'état de sa bourse. Après une mûre délibération, il gagna le port d'Orléans, allant y chercher quelque barque prête à descendre la Loire. Son dessein était de retourner au plus vite à La Flèche, dans son pays, chez ses parents, et de s'accommoder au genre de vie qu'il leur conviendrait de lui imposer.

La barque trouvée, Desboys se fait conduire à Tours et de Tours à Saumur : puis il gagne La Flèche, qui s'est fort embellie depuis son départ ; un nouveau gouverneur l'a presque transformée. Les châteaux des environs, Créans, Gallerande, Merré, Le Lude, Courcelles, La Suze, Malicorne, Durtal ont aussi reçu de notables accroissements. Desboys les visite et les admire. On admire volontiers toute chose dans son pays natal. Il y a néanmoins certains esprits naturellement si changeants, si mobiles, que ce charme de la patrie ne peut lui-même les retenir longtemps. A peine rentré dans sa ville de La Flèche, Desboys fut impatient d'en sortir. On y avait, dit-il, appris ses escapades, et « le personnage de soldat repenti, « d'écolier diverti et de galant démantelé » l'y rendait trop pitoyable ou trop ridicule dans toutes les compagnies. C'est pourquoi, fuyant encore une fois le toit paternel, il se dirige vers Nantes ; à Nantes il s'embarque pour La Rochelle, et de La Rochelle il se fait conduire en Portugal, ne sachant pas où il doit s'arrêter. Il se faisait peut-être à lui-même, un peu tard, cette question, quand, en vue des îles de Bayonne, la caravelle qui le portait fut capturée par des corsaires algériens.

René Desboys fut quelque temps captif à Alger : cependant, le 2 mai 1643, par l'intervention de deux missionnaires français, le prix de la rançon fut réglé. Racheté pour la somme de cent écus, il revint à La

Flèche et de nouveau s'en éloigna, parcourut diverses contrées de l'Europe, de l'Asie, toujours incapable de demeurer en place et toujours curieux de tenter la fortune. Enfin nous le retrouvons à La Flèche, en l'année 1665, publiant l'histoire de sa vie sous ce titre : *L'Odyssée ou diversité d'aventures, rencontres et voyages en Europe, Asie et Afrique, divisée en quatre parties;* La Flèche, Laboë, in-4°. Ce volume ne contient que les deux premières parties de l'ouvrage, et, si les deux dernières ont été plus tard publiées, on ne les trouve mentionnées dans aucun catalogue. Ainsi nous ne savons rien des courses de notre infatigable voyageur soit en Europe, soit en Asie ; et nous le regrettons, car il nous fait connaître beaucoup de particularités intéressantes touchant les institutions et les mœurs des Turcs d'Alger dans la seconde partie du volume publié. Le style de l'ouvrage est original: « Excuse, dit l'écrivain à son « lecteur, le style milésien et barbare de mon « Odyssée. » La critique est toujours désarmée par ces aveux ; on ne sait pas refuser un pardon humblement demandé. Cependant il nous en coûte un peu d'avoir pour René Desboys une pareille indulgence. Il avait, en effet, de l'esprit, de l'entrain, et il aurait écrit, nous n'hésitons pas à le croire, avec beaucoup d'agrément, s'il avait été, dans sa jeunesse, un écolier moins « diverti. » Ses façons de parler sont barbares et non pas communes: il est peu correct et souvent il emploie des termes si mal assortis qu'on ne réussit pas toujours à le comprendre ; mais il est si naturellement facétieux qu'on ne peut se défendre de l'inscrire au nombre des conteurs amusants.

M. Louis Piesse a publié récemment, dans plusieurs numéros de la *Revue africaine* (1), tous les chapitres de l'*Odyssée* qui concernent l'Afrique, et cette publication a été jugée très-intéressante.

DESJARDINS (CATHERINE).

Marie-Catherine-Hortense DESJARDINS est née en 1631, d'autres disent en 1640, à Saint-Remi-du-Plain, près Alençon, de Guillaume Desjardins, prévôt de la maréchaussée d'Alençon, et de Catherine Ferrand, ancienne femme de chambre de la duchesse de Montbazon. Une suivante de cette duchesse de Montbazon, qui se rendit fameuse par ses galanteries même dans une cour effrontée, ne devait pas, on le soupçonne, être très-propre à former l'esprit d'une jeune fille. Catherine manifesta de bonne heure de l'inclination pour la lecture ; mais comme elle avait l'humeur vive,

(1) Années 1866-1870.

enjouée, et l'imagination mal réglée, elle rechercha de préférence, pour satisfaire son goût, les romans à la mode, l'*Astrée, Clélie,* le *Grand Cyrus.* Si sa mère ne lui conseilla pas ces aimables livres, elle se garda bien de les lui défendre. Elle-même employait son temps à les lire, à les relire, le cœur toujours ému, les yeux toujours humides (1). C'était sans doute une habitude prise chez Mme de Montbazon. L'éducation de Catherine achevée, elle connaissait mieux que personne la géographie de Cythère, et l'on ne pouvait craindre qu'elle s'égarât sur les rives du Tendre, si ce n'est avec préméditation. Ce qui ne tarda pas trop. Elle habitait avec son père la ville d'Alençon, ville triste, mais environnée de vertes prairies et de frais ombrages qui charment les sens et invitent à rêver. Catherine Desjardins, qui venait souvent chercher des distractions dans ces lieux solitaires, y vit bientôt apparaître l'image d'un jeune homme, qui ne lui parut pas tout à fait indigne d'être son interlocuteur dans un dialogue amoureux. C'était un de ses cousins et des plus proches, car il portait son nom, et le degré de leur parenté semblait devoir apporter quelque obstacle à une union légitime. Mais cela ne pouvait arrêter Catherine. Avait-elle donc besoin d'inviter son père et son confesseur à venir l'entendre pro-

---

(1) M. Clogenson, *Madame de Villedieu,* dans l'*Athenœum français,* 2 juillet 1853.

noncer les doux serments de l'hyménée? C'est un usage que n'avaient pas plus observé la Diane de Montemaior que la Galathée de Virgile. Les deux amants, d'un commun accord, s'affranchirent de cette obligation. Cependant

> Il n'est pas de secret que le temps ne révèle ;

et Catherine reconnut qu'elle ne pouvait prolonger son séjour dans la maison paternelle sans trahir le mystère de ses galanteries. Elle prit donc la fuite, et, se dirigeant vers Paris, courut chercher un refuge chez la duchesse de Montbazon. Celle-ci lui fit bon accueil, la plaignit, l'excusa peut-être, et lui procura le moyen de vivre dans une maison voisine de son hôtel, jusqu'au jour où la nature acheva le roman commencé par elle sur les bords de la Sarthe. Catherine fut alors mère d'un fils qui ne vécut pas au delà de six semaines.

Elle reparut ensuite chez la duchesse de Montbazon, qui la fit connaître à Mme de Chevreuse. La facilité de son esprit, sa belle humeur, l'introduisirent comme de plein droit dans une société trop dissipée pour observer strictement les prescriptions de l'étiquette. Elle plait, on l'aime, ou, du moins, on la recherche. Voici le portrait qu'elle a tracé d'elle-même : « J'ai, dit-« elle, la physionomie heureuse et spirituelle ; les « yeux noirs et petits, mais pleins de feu ; la bou-

« che grande, mais les dents belles pour ne pas
« rendre son ouverture désagréable ; le teint aussi
« beau que peut l'être un reste de petite vérole ma-
« ligne ; le tour du visage ovale, les cheveux châ-
« tains, approchant plutôt du noir que du clair ; et la
« gorge et les mains disposées à être belles quand
« j'aurai l'embonpoint que jusqu'ici mon âge et la
« grandeur de ma taille m'ont empêchée d'avoir. De
« tout cela il résulte que je ne suis pas une fort belle
« fille, mais aussi je ne fais pas peur (1). » C'est, en
effet, le portrait d'une femme plus gracieuse que
belle (2) ; mais on se prosterne avec respect devant
la beauté, tandis que la grâce séduit, éveille l'ardeur
des sens et trouble le jugement. Catherine se voit
bientôt entourée d'adorateurs. Il y a même dans sa
clientèle une foule de beaux esprits : entre autres
l'abbé d'Aubignac, grammairien pédant et prédicateur enflé ; l'abbé Parfait, conseiller-clerc au parlement de Paris, dont on assure qu'elle troubla la tête,

(1) Encore a-t-elle fait de ses charmes équivoques une description plus avantageuse que vraie, s'il faut s'en rapporter à
Tallemant des Réaux « La petite vérole, dit-il, n'a pas contribué
« à la faire belle : hors la taille, elle n'a rien d'agréable, et, à
« tout prendre, elle est laide. D'ailleurs à sa mine vous ne juge-
« riez jamais qu'elle fût bien sage. »
(2) *Galerie des Peintures*; Paris, 1663, in-12. Quelques bibliographes placent cette *Galerie des Peintures* au catalogue des
œuvres de Catherine Desjardins. Ils se trompent. C'est un
recueil de portraits, parmi lesquels elle n'a fait que le sien. Il
existe une édition de 1659, dans laquelle ce portrait ne se trouve
pas encore.

et le « doux, mais faible » Pavillon, comme l'appela Voltaire, qui vint lui réciter d'indiscrets madrigaux.

Hâtons-nous d'expliquer les hommages de ces docteurs graves et gens d'église. Catherine fait des vers. Elle en a lu chez la duchesse de Montbazon qui ont obtenu l'approbation des experts et elle ne tardera pas trop à satisfaire le public curieux de recevoir ses confidences. « Une des premières choses qu'on ait « vues d'elle, dit Tallemant, au moins de choses « imprimées, ç'a été un récit de la farce des Pré- « cieuses. » Elle publiait, en effet, en 1660 : *Le récit en prose et en vers des Précieuses.* Cet opuscule est assez rare pour qu'on l'ait pu croire perdu. Il manque dans l'édition des œuvres complètes de Catherine, donnée par Barbin, et La Vallière, dans sa Bibliothèque du Théâtre-Français, nous montre assez qu'il en parle sans le connaître, sur de faux rapports, lorsqu'il l'attribue à Antoine Baudeau, sieur de Somaize. La Bibliothèque nationale en a récemment acquis un exemplaire. C'est un petit livre où l'on ne peut se défendre de remarquer des qualités fort estimables. Les vers de Catherine sont gais, faciles, naturels ; sa prose a quelquefois beaucoup d'élégance et de délicatesse : mais, il faut bien le dire, ni ses vers ni sa prose ne respectent assez la pudeur. L'abbé d'Aubignac n'est donc pas entièrement justifié.

Le moment est venu de raconter une aventure qui

occupe une place importante dans la vie de Catherine. Un capitaine au régiment Dauphin, fils d'un maître de musique de la chapelle du roi, s'est signalé par son assiduité près de la jeune Muse. On l'appelle Boisset de Villedieu, ce qui lui donne l'air d'un homme de condition ; il porte galamment ses épaulettes, il a vingt-huit ans, il est bien fait de sa personne et se distingue, en outre, par l'entrain de son esprit. On ne pouvait dédaigner un tel poursuivant, pour garder la foi jurée au cousin d'Alençon. Cependant Catherine répond d'abord aux empressements de Villedieu par une froideur marquée. A-t-elle d'autres desseins? Ou plutôt, femme trop légère pour aimer, doit-elle être livrée par l'occasion, soit à l'un, soit à l'autre, au moins digne comme au plus digne de ses nombreux courtisans ?

Un soir, dans un bal où Villedieu l'avait suivie, elle accueillait avec satisfaction tous les hommages, hormis ceux du capitaine. Celui-ci se retire mécontent et regagne son logis ; mais la porte de son logis ne veut pas s'ouvrir pour le recevoir, il revient donc au bal, et, Catherine l'interrogeant sur les causes de son absence et de son retour, il raconte sa mésaventure. Elle en rit et lui offre en riant une place dans sa chaise. Il y monte en vainqueur. Devant la maison qu'habitait Catherine les porteurs s'arrêtent. On descend. Alors Catherine, cessant de rire, prie, supplie Villedieu de se retirer. Il refuse, et, comme elle gagne à la hâte ses appartements, il la suit. Sommes-nous au dénouement de l'aventure? Catherine le retarde en prenant la fuite. Villedieu n'a conquis qu'un gîte. Le lendemain, au lever du jour, Catherine revient, comptant sans doute reprendre en toute sécurité pleine possession de sa demeure ; mais Villedieu qu'elle réveille n'a pas même la force de lui demander pardon : une fièvre d'une violence extrême le condamne à rester immobile sur le siége où, la veille, il s'est endormi bercé par les plus doux rêves.

Le chasser en cet état, n'était-ce pas faire une méchante action? Un médecin est appelé. Il déclare la maladie grave et laisse prévoir une longue convalescence. Que d'incidents ! et quel embarras nouveau pour Catherine! Elle se résigne néanmoins à subir toutes les suites de son imprudence. Elle gardera Villedieu malade, et, bien mieux, elle veillera près de son lit, et lui donnera tous les soins que son mal réclame.

Avant que la santé de Villedieu fût complétement rétablie, Catherine l'aimait. Elle ne fit pas toutefois l'aveu de ses tendres sentiments, ou, comme on disait alors, de sa défaite, sans exiger la promesse d'un mariage solennel. C'était mettre la passion et la reconnaissance du capitaine à une terrible épreuve. Cependant, pour ne rencontrer aucun refus, Villedieu ne refusa rien, promit le mariage et en laissa même publier les bans.

Les bans publiés, grand émoi dans une riche maison de la rue Montmartre. La fille d'un notaire de cette rue, Mlle de Fez, se déclare l'épouse légitime du sieur de Villedieu, et lui rappelle quelles peines la loi civile réserve à la bigamie. Habile en inventions romanesques, et confiante d'ailleurs dans son crédit auprès des plus puissantes dames de la cour, Catherine parle de faire casser par les tribunaux le mariage de Villedieu. On plaidera. Villedieu promet de plaider; mais un jour, Catherine étant allée à Dampierre visiter Mme de Chevreuse, il prend la fuite et se dirige sur Cambrai où son régiment tenait garnison.

C'est un abandon, c'est une injure, et, quand la cour et la ville s'entretiennent de toutes les circonstances de l'affaire, une injure publique. Catherine, informée du départ de Villedieu quand il est à peine hors de Paris, revêt l'habit d'un cavalier et court sur les traces du fugitif. Elle va lui demander raison, les armes à la main, de ses abominables procédés. Mais leur entrevue n'eut pas une conséquence aussi tragique. Ils se réconcilièrent, gagnèrent Cambrai dans le même carrosse, et prirent ensuite le parti d'aller braver en Hollande les oppositions de la fille du notaire, ainsi que les menaces de la reine-mère, qui protégeait l'épouse outragée. On croit qu'ils furent unis par un pasteur hollandais. Il est certain qu'ils reparurent ensuite à Paris et y vécurent comme gens bien mariés, ayant fait taire toutes les plaintes en bravant tous les ressentiments.

Désormais Catherine Desjardins est donc pour tout le monde Madame de Villedieu. Elle prendra bientôt ce titre au frontispice de ses livres. L'abbé d'Aubignac lui-même le permettra.

Le premier de ses romans, *Alcidamie,* parut en 1661, chez Barbin, en 2 volumes in-8°. Ecrit avec correction, sans trop d'emphase, sans trop de recherche, ce roman n'est pas tout à fait dépourvu d'invention ; mais on voit que Catherine, encore peu sûre d'elle-même, s'est trop préoccupée de façonner ses personnages à la ressemblance des héros de *la Clélie.* Cependant on assure que, sous des noms supposés, ces personnages sont historiques.

L'année suivante, Catherine publia deux volumes de vers et fit représenter une tragédie. Dès le 20 février 1662, Claude Barbin avait fait consigner sur les registres de la communauté des libraires qu'il avait été autorisé pour un *Recueil de poésies* de Mademoiselle Desjardins, en un volume in-12. L'ouvrage, dédié à la duchesse de Mazarin, parut peu de temps après (1). La *Muse* de Loret nous assure que les élégies furent très-goûtées. Nous le croyons volontiers. Ce ne sont pas de languissantes complaintes, ce sont de vigoureuses imprécations contre les galants perfides,

---

(1) Autre édition : Paris, Quinet, 1664, in-12.

qui paraissent avoir été inspirées par un vif sentiment des devoirs et des droits de l'amour. En effet, Catherine a été trompée. Ce Villedieu que l'on croyait si tendre, ce Pyrame, ce Lindor, ce héros, n'était au fond qu'un fat et un libertin. Après avoir épousé Mlle de Fez pour ses écus et les avoir dévorés au tripôt, il avait cru peut-être aimer Catherine; mais il s'est bientôt lassé d'admirer ses yeux noirs, ses belles dents, et a recherché d'autres maîtresses. Il n'avait eu pour Catherine qu'une de ces passions éphémères où le cœur ne s'engage pas. Celle-ci porte plainte devant le tribunal de l'Amour contre l'ingrat Clidamis. La même année vit paraître *le Carrousel de Monseigneur le Dauphin*, par Mlle Desjardins; Paris, G. Quinet, in-12. C'est un recueil de vers plus légers. Cette légèreté va même jusqu'au mépris des bienséances. Une femme peut composer de tels vers, quand elle a l'humeur libre, et les réciter à des amis rassemblés dans sa ruelle, quand elle ne prétend pas à leur respect; mais elle ne doit pas les transmettre au public. Parlons de la tragédie.

Représentée sur le théâtre de l'hôtel de Bourgogne, le 4 mai 1662, la tragédie de *Manlius* eut un grand succès. Torquatus, consul romain, aime une captive nommée Omphale. Celle-ci, que n'ont pu séduire ses tendres soins, que ses menaces n'ont pu soumettre, aime le fils du consul, le jeune Manlius. Manlius, commandant quelques légions, a, malgré les instructions du sénat, engagé contre les Latins une bataille qu'il a gagnée ; mais, comme une victoire n'excuse pas seule un délit aussi grave que le mépris des ordres du sénat, il vient à Rome expliquer et, s'il se peut, justifier sa conduite. Torquatus apprend alors que son fils est aimé d'Omphale. Dans la fureur que lui cause cette nouvelle, il jure de le perdre, et, en effet, il réclame lui-même la sentence qui doit livrer aux licteurs la tête du coupable. Vainement Junius, son ami, et Camille, veuve de son collègue Decius, adressent à ce père jaloux les plus vives remontrances; vainement Omphale le supplie et prend même, en versant des larmes, l'engagement de se donner à lui, s'il épargne les jours de Manlius, sa colère est inflexible. Par les ordres de Torquatus, les gardes entraînent Manlius et le conduisent au lieu du supplice. Mais l'armée se soulève et délivre le vainqueur des Latins. Est-ce donc ainsi que l'intrigue se dénoue? Non, sans doute. Manlius délivré reparaît devant son père et vient lui offrir sa tête qu'il ne veut pas sauver à la faveur d'une révolte. C'est alors que Torquatus, ramené par cet héroïque exemple aux sentiments de la nature et du devoir, pardonne à son fils et lui abandonne la main d'Omphale.

Il y a dans cette tragi-comédie au moins une très-grave invraisemblance. Personne ne peut accepter que le farouche Torquatus ait eu la faiblesse d'aimer une femme, une captive. Le dénouement n'est pas, d'ailleurs, conforme au témoignage des historiens, suivant lesquels la tête du jeune Manlius tomba sous la hache des licteurs. Mais, la fable de cette pièce étant admise, il faut la placer au premier rang parmi celles qui appartiennent au théâtre de second ordre. Le caractère de Manlius est fort beau ; celui d'Omphale ne l'est pas moins. Nous ne remarquons dans la mise en scène rien qui ne soit conforme aux règles, et l'intérêt, excité par les deux moyens classiques, la terreur et la pitié, se soutient et va toujours croissant. Ajoutons que si l'on rencontre plus d'une tirade précieuse dans les longs discours que tiennent les personnages de cette tragédie, ils récitent quelquefois des vers de la bonne fabrique. « Rien qui saisisse, qui entraîne, qui « étonne, dit M. Clogenson. C'est un poëte qui a « écrit ce poëme, mais ce poëte est une femme. » Ce jugement nous paraît bien sévère à l'égard des femmes en général ; il est certainement injuste à l'égard de Catherine. On demande des vers qui saisissent, qui étonnent. Nous en citerons quelques-uns de tels. Manlius se présente pour la première fois devant le consul, son père, et vient s'excuser d'avoir battu l'armée latine, sans avoir tenu compte des terreurs du sénat :

TORQUATUS.

Quand vous avez risqué toute la république,
Avez-vous cru montrer un courage héroïque ;

Faire voir qu'un vainqueur est au-dessus des lois,
Et qu'on peut tout braver quand on soumet des rois ?
Ces sentiments sont beaux, et cette noble audace
Vous fera prendre ici pour le dieu de la Thrace.
Après un tel exploit il vous faut un autel.
Quand on méprise Rome on doit être immortel.

Manlius.

J'ai trop de confiance en la grandeur romaine,
Pour avoir cru, Seigneur, sa victoire incertaine.
Mon cœur aurait tremblé pour le peuple latin ;
Mais l'ardeur des Romains m'assurait le destin.
Les mener au combat c'est courir à la gloire !
On dirait qu'ils ont l'art d'enchaîner la victoire.
Ils la traînent partout, elle suit tous leurs pas,
Et doit une conquête à leurs moindres combats.
Pouvais-je donc, Seigneur, avoir l'âme alarmée ?

Torquatus.

On savait mieux que vous la valeur de l'armée,
Quand on vous défendit de donner le combat.
Avez-vous meilleur sens que n'a tout le sénat ?
Depuis quand avez-vous assez d'expérience,
Pour être dispensé de son obéissance ?
Dites-nous votre rang, vos vertus, vos exploits,
Enfin ce qui vous met au-dessus de nos lois.

Manlius.

Le nom de Manlius, mon sang et ma naissance
Sont, Seigneur, mes exploits et mon expérience.
C'est pour m'autoriser un droit assez puissant.
Les Romains de mon nom triomphent en naissant.

TORQUATUS.

Les Romains de ce nom craignent sur toute chose
De ne pas observer la loi qu'on leur impose.
A ce premier devoir ils feraient tout céder,
Et savent obéir, s'ils savent commander.
Cette règle est pour vous difficile à comprendre ;
Mais, avant qu'il soit peu, je saurai vous l'apprendre.
Ne quittez pas le camp sous peine du trépas.

MANLIUS.

Ordonnez donc, Seigneur, qu'on ne l'attaque pas.
Si l'on vous obéit, j'observerai sans peine
Le respect nécessaire à la vertu romaine...

Assurément nous venons de citer quelques beaux vers. Visé, dans le *Mercure galant*, censura le plan de *Manlius*. Pierre Corneille déclara de même que ce plan ne valait rien. On leur répondit qu'un juge des plus compétents, l'abbé d'Aubignac, avait lui-même ordonné la mise en scène de Manlius. — Soit, répliqua Visé, mais cet abbé, si fécond inventeur de fictions tragiques, qui prétend imposer ses plans à tous les auteurs, n'en est pas à donner la preuve de son insigne maladresse, et « si le *Manlius* de Mlle Desjardins
« a eu plus de succès que la tragédie d'*Eurixène*, la
« gloire n'en est due qu'à la beauté des vers de cette
« incomparable fille. » Ainsi s'exprime de Visé, avec l'assentiment, assure-t-on, de Corneille. Pour sa part

Loret s'inscrivit sans hésiter parmi les apologistes de *Manlius* et de Catherine :

> Déjà plusieurs beaux écrits d'elle
> Couraient de ruelle en ruelle :
> On trouvait fort doux et fort nets
> Ses quatrains, sixains et sonnets :
> Elle avait fait mainte élégie
> Pleine d'esprit et d'énergie :
> Ses impromptus et madrigaux
> Aux plus rares étaient égaux :
> On idolâtrait ses églogues,
> Quoique pourtant sans dialogues :
> Mais des gens d'assez bon *gustus*
> Disent que, dans son *Torquatus*,
> Cette âme belle et bien sensée
> S'est infiniment surpassée.

Enfin, les nombreux amis de Catherine formèrent une telle cabale que *Manlius* parut un instant disputer les suffrages du public au *Sertorius* de Corneille. Il y eut, dans l'année 1662, deux éditions de cette tragédie chez Claude Barbin (1). Chacun voulut la voir ou du moins la lire. Quand cette fureur fut apaisée, elle jouit encore de quelque estime, puisqu'elle fut réimprimée à Amsterdam, par Schelte, en 1718 ; à Paris, par G. de Luyne, en 1718, et de nouveau à Amsterdam, par Witwert, en 1741.

Le 27 avril 1663, les comédiens de l'hôtel de Bour-

---

(1) Quelques exemplaires portent le nom de Gabriel Quinet.

gogne annonçaient, sous le nom de *Nitétis*, une autre tragédie de Catherine Desjardins. Loret n'avait pas attendu la représentation pour célébrer le mérite de la pièce et la gloire de l'auteur (1). Il ne fut pas bon prophète. *Nitétis* eut peu de succès. C'est une pièce où l'on rencontre quelques vers énergiques, quelques mouvements heureux ; mais elle est bien inférieure à *Manlius*. Tous les personnages qui se présentent sur la scène parlent un langage si peu vrai ; ils font un étalage de sentiments si précieux, si raffinés, que, loin d'émouvoir, ils provoquent le rire. La fable de *Nitétis*, qui a pour péripétie la mort de Cambyse, n'est

---

(1) *Nitétis*, tragédie exquise,
Depuis plus de dix mois promise,
(Ce m'a dit un certain mortel)
Aujourd'hui se joue à l'Hôtel.
On dit qu'en elle sont encloses
Quantité de fort bonnes choses.
On y voit de l'esprit galant,
Du doux, du fort et du brillant.
Et quoique cette pièce brille,
C'est pourtant l'œuvre d'une fille.
Ce n'est pas un cas fort nouveau
Que, dans le sexe appelé beau,
Il se trouve de belles âmes,
Et que des filles et des femmes
Fassent en des jargons fort nets
Chansons, madrigaux et sonnets ;
Mais pour des pièces de théâtre
Dont le peuple soit idolâtre,
Mademoiselle Desjardins,
Dont les vers ne sont pas gredins,
Mais excellents à triple étage,
A seule ce rare avantage.

en rien conforme, d'ailleurs, aux vraisemblances historiques. A des figures de fantaisie l'auteur a donné des noms connus. Agissant avec cette liberté, Catherine pouvait facilement créer des situations tragiques, et mettre à profit les ressources de son esprit inventif pour exciter l'intérêt des spectateurs par le charme de l'imprévu. Eh bien! c'est ce qu'elle n'a pas fait. *Nitétis* ne resta pas longtemps à la scène.

Cela dégoûta Catherine de la tragédie. Son caractère vif et fier ne supportait aucun dédain ; mais, capable d'ailleurs de tout entreprendre, elle ne devait jamais se laisser abattre. Puisqu'on marchande les applaudissements aux superbes discours de ses héros tragiques, elle s'éprouvera dans la comédie. On la condamne au changement. Soit! elle a dans l'esprit, dans le cœur, d'inépuisables trésors d'infidélité.

Villedieu le sait du reste. Depuis que l'Amour, prenant compassion de cette autre Ariane, lui a conseillé de sécher ses larmes et d'offrir à d'autres un cœur sur lequel l'ingrat Clidamis a perdu tous ses droits, elle a suivi ce conseil, et, pour justifier l'indépendance de ses mœurs, elle s'est fait une morale particulière, dont le premier article est celui-ci :

..........Si l'amour est un vice,
C'est un vice plus beau que toutes les vertus.

Les autres articles à l'avenant. Ainsi, que ses nouveaux amants n'exigent pas d'elle une constance qu'elle n'a pas promise. Elle leur laisse, d'ailleurs, toute la liberté dont elle entend jouir :

> Quand on voudra changer d'amant ou de maîtresse,
> Pendant un mois on le dira ;
> Et puis, après, on changera,
> Sans qu'on soit accusé d'erreur ou de faiblesse ;
> Mais on conservera toujours de la tendresse ;
> On se rendra de petits soins :
> Car, entre deux amants, quand un grand amour cesse,
> Il faut être amis tout au moins.

Mais, tels sont les caprices du cœur, voilà que Villedieu regrette Catherine, travaille à rentrer en grâce auprès d'elle et demande le pardon de ses fautes. C'est une passion nouvelle qu'ont fait naître deux causes diverses, la bonne et la mauvaise renommée de Catherine. La réconciliation est accordée. Des deux côtés on rompt d'autres liens. Bientôt on voit ensemble Catherine et Villedieu dans les théâtres, dans les promenades; l'un et l'autre ils sont heureux et fiers d'un rapprochement dont s'entretiennent et la cour et la ville. Mais c'est un bonheur qui ne doit pas durer. Qui rompit le nouveau pacte? Catherine assure que c'est Clidamis. Ce qui paraît du moins certain, c'est que Villedieu parla le premier d'une séparation qu'il ne tarda pas à rendre obligatoire.

Louis XIV préparait alors contre les corsaires

l'Alger l'expédition qu'il confia à l'ancien roi des alles, le duc de Beaufort. Villedieu ne négligea pas le mettre à profit cette circonstance, demanda de l'emploi et reçut avec satisfaction l'ordre de partir. Il partit seul, mais il n'avait pas atteint Marseille que l'impétueuse Catherine, ne pouvant, comme il semble, e consoler de son départ, courait sur ses traces, espérant le joindre encore dans la ville d'Avignon. Molière, en lui prêtant trente pistoles, lui avait procuré le moyen de faire ce voyage. On ne dit pas toutefois qu'elle ait pu rencontrer Villedieu. Celui-ci, transporté sur la terre d'Afrique, fut tué à Bigory, dans un des premiers combats livrés aux corsaires (1).

On assure que Catherine le regretta quelque temps. La troupe de Molière étant sur le point de représenter une de ses comédies, *le Favori*, elle se rendit auprès du directeur et le pria d'annoncer la nouvelle pièce, sous le nom de *Madame de Villedieu*. Elle entendait remplir un devoir en affichant son veuvage et son deuil. Mais la pièce avait été déjà plusieurs fois pro-

---

(1) Nous racontons ces faits comme ils sont racontés par I. Clogenson. L'*Histoire littéraire des femmes françaises* fait mourir Villedieu sous les drapeaux, mais en Flandre et non pas en Afrique. Suivant la *Biographie universelle*, c'est à Paris même qu'il a trouvé la mort, tué dans un duel par un des nombreux adorateurs de sa femme. Sur ce point, comme sur beaucoup d'autres, M. Clogenson nous paraît avoir reproduit les plus fidèles témoignages. C'est en lisant sa notice que nous avons formé le dessein de corriger et de développer ce que nous avons écrit autrefois sur Catherine Desjardins.

mise sous le nom de *Mademoiselle Desjardins*, et Molière ne voulut pas consentir à la substitution demandée.

Le style du *Favori* est fort simple. Moncade, favori du roi de Barcelone, aime Lindamire, mais il ignore s'il est aimé par elle et cette incertitude l'afflige. Voilà que le roi feint de rompre avec lui. Aussitôt les courtisans l'abandonnent, et les premiers qui viennent l'accuser devant le prince sont ceux qui se disaient, la veille de sa disgrâce, ses amis les plus ardents. Seule, Lindamire témoigne par sa constance qu'elle aimait dans Moncade l'homme vraiment digne de l'estime, de l'amour d'une femme forte, et non pas le favori comblé de biens et tout-puissant. Cette épreuve faite, le roi lui rend officiellement toute sa confiance, toute son affection, et, quand la toile se baisse, on va préparer le mariage de Moncade et de Lindamire. Cette comédie est de la bonne école. On n'y trouve aucune de ces facéties grossières qui égayent sans doute le spectateur, mais ne l'intéressent pas et ne l'instruisent pas. Ce sont des caractères que l'auteur a développés. Ajoutons qu'il y a dans cette pièce plus d'un vers qu'il serait permis d'attribuer sans irrévérence à l'insigne directeur de la troupe qui l'a jouée.

Une coquette, dona Elvire, parle à sa confidente des pièges qu'elle tend à la vertu de Moncade. Celle-ci lui conseille d'agir avec plus de prudence. Si Mon-

…ade découvre ses fraudes, elle perdra son « estime. » Elvire poursuit en ces termes :

> Eh ! la ruse en amour ne passe point pour crime !
> Ce sont vieilles erreurs et soucis superflus.
> Tant d'estime ne sert que quand on ne plaît plus.
> Quand on n'a pas d'appas pour paraître agréable,
> Il est bon de tâcher à se rendre estimable ;
> Il faut charmer l'esprit, ne pouvant faire mieux.
> Mais quand un jeune amant se rend à de beaux yeux,
> Il borne à ce qu'il voit son estime et sa flamme,
> Et ne s'avise pas d'aller jusques à l'âme.
> Le secret est de plaire ; et l'on voit, en effet,
> Que chacun croit toujours ce qu'il aime parfait.
> Plaisons donc dans le temps d'une belle jeunesse,
> Et laissons sans regret l'estime à la vieillesse.

La même Elvire, ayant appris la disgrâce de Monade, s'empresse de le fuir. Sa confidente lui parle de constance. Elle répond :

> Fi de votre constance ! On en est revenu.
> Ce n'est qu'une chimère habillée en vertu.
> Si nos pères ont eu cette folle manie,
> Le siècle est bien guéri de cette maladie.
> Croyez-moi, Léonor, à présent, à la cour,
> On ne sait plus donner de chaînes à l'amour ;
> Et, comme il est enfant, on croit qu'il aime à rire…
> Je sais ce qu'est la gloire et le parfait amour ;
> Mais je crains la disgrâce, et j'aime fort la cour.

Les yeux les plus brillants sont ternis par les larmes,
Et trois jours de chagrin moissonnent bien des charmes.
Moi, j'aime un peu les miens, et, pour les voir durer,
Dès longtemps j'ai fait vœu de ne jamais pleurer.

Ces vers sont pleins, ingénieux, faciles, d'une bonne facture et d'un heureux tour. Le succès du *Favori* compensa l'échec de *Nitétis*. Représentée au théâtre du Palais-Royal, le 3 juin 1665, par la troupe de Molière, et le 13, sur la scène de Versailles, devant le roi, cette comédie ne fut pas moins applaudie par la cour que par la ville (1). Elle fut publiée par Billaine, 1665, in-12, et par Quinet, 1741.

Catherine Desjardins était désormais comptée parmi les auteurs aimés du public. Ce qu'on savait de ses aventures et de ses mœurs ajoutait encore à la célébrité de son nom, et l'on ne parlait que de cette femme singulière. Elle était au sommet de la faveur, et l'on s'attendait à la voir profiter de la bonne fortune pour former un établissement solide ; mais elle n'y songeait pas encore et réservait au public d'autres surprises.

Une dame Thevart ou Thiévart, veuve d'un procureur, qui était de ses amies, avait des vapeurs. Catherine lui conseilla le mariage comme moyen thérapeutique. La vaporeuse veuve allait suivre ce conseil et épouser un jeune homme envieux de sa richesse.

---

(1) *Nouveau Recueil de pièces galantes*, p. 409 du t. 1 des *Œuvres* de Catherine, édit. de 1721.

quand elle mourut d'une attaque d'apoplexie. Cette fin subite remplit d'un tel effroi l'esprit de Catherine, qu'elle prit la résolution de renoncer au monde, à la gloire et même à l'amour.

Dans ce dessein elle se rendit à Conflans, auprès de l'archevêque de Paris, M. de Harlay, le suppliant d'ouvrir les portes d'un couvent à la plus coupable et à la plus contrite des Madeleines. L'inconstance était, elle en a fait l'aveu, un des traits principaux de son caractère. Elle avait l'humeur inégale et bizarre (1). Elle le témoignait bien par sa démarche auprès de l'archevêque. Celui-ci ne manqua pas d'approuver sa pieuse entreprise et la plaça dans une maison religieuse, où elle se comporta de la manière la plus édifiante (2). « La galanterie n'est souvent séparée de la « dévotion que par un intervalle fort léger ; » c'est la remarque d'un biographe (3). La vérité de cette maxime fut démontrée par la conduite de Catherine. Après avoir été la reine des courtisanes, elle devint l'exemple d'un troupeau de novices. Peut-être aurait-elle un jour étonné l'église par l'éclat de son zèle et de son mérite ; peut-être, ainsi que plusieurs femmes qui avaient commencé comme elle, aurait-elle fini par se signaler comme fondatrice de quelque ordre nouveau : mais il ne lui fut pas permis de suivre sa vocation.

(1) *Galerie des Peintures.*
(2) *Histoire littéraire des femmes françaises*, t. II, p. 4.
(3) M. Dubois, *Biographie universelle*, au mot *Villedieu*.

Une des religieuses avait un frère qui avait fréquenté dans le siècle Mme de Villedieu. Celui-ci étant venu rendre visite à sa sœur, reconnut au parloir, malgré son voile, la nouvelle pénitente, et eut ensuite l'indiscrétion de raconter à son sujet des anecdotes bien faites pour blesser les oreilles d'une religieuse. La sœur alarmée courut aussitôt vers la supérieure du couvent et lui raconta les anciens méfaits de la novice. L'éloignement de Catherine fut alors une affaire résolue. Elle avait passé deux mois dans cette retraite, quand elle reçut l'ordre d'en sortir. Elle fut recueillie par une sœur de son mari, Mme de Saint-Romain.

Mme de Saint-Romain était une femme d'esprit, qui avait un grand train et recevait une société mêlée de savants et de coquettes. Catherine ne tarda pas à reprendre ses anciennes habitudes. Puisqu'elle n'avait pu se donner à Dieu, elle se rendit au monde. Elle revit Mme de Chevreuse, Mme de Montbazon, et, avec ces dames, « toute sorte de gens (1); » elle courut les bals, les fêtes, les mascarades. Les galants étant revenus auprès d'elle, Catherine ne dédaigna pas leurs hommages. Le plus empressé de tous était un certain marquis de Chatte, possesseur d'un titre suspect, pauvre de biens, mais riche d'années, car il avait atteint la soixantaine. Ce n'est pas tout : le marquis de Chatte était encore libertin et marié ;

---

(1) Tallemant des Réaux, *Historiettes*.

narié à la fille d'un cordonnier de la rue Saint-Louis, qui l'avait séduit par l'appât de vingt-cinq mille écus, dot justifiée par des titres supposés. Cette fourberie découverte avait fait beaucoup de bruit, le marquis désabusé ayant pris immédiatement du service dans les armées du roi, et la fille du cordonnier s'étant retirée en Provence. Cette séparation n'avait pas eu la force de rompre un mariage consommé suivant les prescriptions de la loi. Cependant notre marquis, se considérant comme affranchi de tout lien, offrit sa main à Catherine, et la vit accepter. Etrange union, qui fut, comme la précédente, troublée par les clameurs d'une épouse abandonnée. La nouvelle marquise de Chatte avait mis au monde un enfant que le Dauphin et Mlle de Montpensier avaient tenu sur les fonts du baptême, quand son mariage fut déclaré nul; mais l'enfant mourut avant d'avoir accompli sa première année, et le marquis de Chatte ne lui survécut pas longtemps. Ainsi deux fois mariée et deux fois mère, Catherine n'avait pu conserver ni ses enfants, ni ses maris, et elle ne pouvait, sans braver les lois, prendre le nom de veuve. Elle recommença ses galantes équipées et fit des romans qu'elle publia sous le nom choisi par elle entre ceux qu'elle avait partagés avec d'autres, sous le nom de Mme de Villedieu. Quelque temps avant la mort du marquis, elle avait fait imprimer, chez Barbin, *les Désordres de l'Amour* (1). C'est un recueil de romans dans lesquels on voit des personnages historiques jouer des rôles qui ne leur conviennent guère ; mais il faut reconnaître qu'il y a des intrigues bien conduites et une remarquable mise en scène de caractères et de passions. C'était un genre nouveau. Les romans de Mlle de Scudéri ne trouvaient déjà plus un aussi grand nombre de lecteurs ; on commençait à prendre en dégoût ces longs et fades entretiens entre des Clitandres transis et de pédantes Climènes. Aussi fit-on le meilleur accueil aux romans vifs, passionnés et même un peu libres de Mme de Villedieu. « C'est elle, dit « l'abbé de Voisenon, qui a fait perdre le goût des « grands romans. Elle s'entendait trop en conclusion « pour ne pas composer des histoires dont le dénoue- « ment touche presque toujours à l'exposition (2). » Vers le même temps elle donna *le Portrait des faiblesses humaines*, autre recueil de nouvelles. Quand les historiens recherchent les causes des grands événements, ils les trouvent dans les combinaisons de la

---

(1) Nous ne trouvons pas la première édition des *Désordres de l'Amour;* mais l'auteur de l'*Histoire littéraire des femmes françaises* nous apprend que ce fut un des premiers ouvrages de Catherine. Il parut toutefois, comme il semble, après *Manlius* et *Nitélis*, car en parlant de *Manlius* Loret dresse le catalogue de ses publications antérieures et ne mentionne aucun roman. Les *Désordres de l'Amour* furent réimprimés dans les diverses éditions des *Œuvres* de Mme de Villedieu, et séparément, à Toulouse, chez Desclassan, en 1702, in-12.

(2) Voisenon, *Anecdotes littéraires*, t. IV des *Œuvres*.

politique ou dans l'irrésistible manifestation des sentiments, des instincts populaires. Le roman fait dépendre des plus petites causes les révolutions qui changent la surface du monde. Lycurgue comme Alcibiade, Paul-Emile comme Séjan, n'ont que l'amour en tête, et quand ils forment les plus belles entreprises, ou les plus folles, c'est toujours pour satisfaire les plus doux penchants, pour mériter les faveurs de quelque veuve galante, ou pour servir les ressentiments de quelque courtisane impérieuse. Il n'est pas permis de prendre de telles licences à l'égard de la vérité : mais que l'on ait moins de scrupules, et l'on trouvera dans le *Portrait des faiblesses humaines* des récits animés et intéressants (1).

Les deux mariages de Catherine ne l'avaient pas enrichie ; mais elle recevait de Barbin cinq livres pour chaque page de ses romans. Elle avait, en outre, obtenu du roi quelques secours : sur une ordonnance signée par M. de Lionne, elle avait reçu 1,500 livres (2), et il est vraisemblable qu'on trouverait son

---

(1) **Nous ne connaissons pas non plus la première édition du *Portrait des faiblesses humaines*** ; mais dans une édition de Barbin, Paris et Amsterdam, 1685, in-12, se trouve un Avis du libraire au lecteur, où l'on apprend que cet ouvrage fut mis entre les mains du public avant la mort du marquis de Chatte. Quelques fragments du même ouvrage ont été imprimés à part. Les *Amours d'Alcibiade*, publiés à Paris en 1680, in-12, se trouvent dans le *Portrait des faiblesses humaines*.

(2) *Œuvres* de Catherine Desjardins, édit. de 1721, t. I, p. 454.

nom porté pour quelque autre somme sur la liste des bienfaits du roi. Si donc elle avait su régler sa maison, elle aurait vécu plutôt dans l'aisance que dans la gêne; mais ses désordres et ses libéralités ne lui permettaient pas d'avoir une épargne et la forçaient trop souvent de travailler malgré Minerve. Aussi tous ses ouvrages n'ont-ils pas un égal mérite. Nous placerons au nombre des plus curieux : *Recueil de quelques lettres et relations galantes;* Paris, Barbin, 1669, in-12 ; au nombre des plus médiocres : *Cléonice ou le Roman galant*, nouvelle publiée par Barbin en 1669, in-12 (1). L'année suivante elle donna *les Annales galantes;* Barbin, 2 volumes in-12 (2). C'est un ouvrage bien supérieur. On lit dans ce recueil une histoire des Frérots ou Fraticelles, où les mœurs du clergé séculier sont attaquées, sous le voile du roman, avec une grande énergie. Catherine publia la même année: *Fables ou Histoires allégoriques dédiées au roi;* Paris, Barbin, 1670, in-12. Ces fables paraissent à l'abbé Goujet assez bien racontées, mais « c'est « dommage, dit-il, qu'elles aient pour objet l'amour « et le pouvoir qu'on lui attribue ; ce qui ne vient que « de la corruption de la nature (3). » On ne s'en tiendra pas à ce jugement. Dans ses romans Catherine dit les choses avec une liberté qui ne respecte pas

---

(1) Il y en a une réimpression; Paris, 1688, in-12.
(2) Autre édition : Lyon, Baritel, 1698, 2 vol. in-12.
(3) *Bibliothèque française*, t. XVIII, p. 132.

toujours les bienséances ; nous avons, d'ailleurs, signalé, dans les recueils de ses poésies, quelques vers où la galanterie descend jusqu'aux pointes les plus triviales ; mais ses fables sont purgées de toute inconvenance et on ne les condamnera pas assurément, sur le réquisitoire de l'abbé Goujet, parce qu'elles racontent les naïves amours d'une tourterelle et d'un ramier. Les *Fables* de Catherine Desjardins ont été réimprimées à Paris, 1685, in-8°.

Nous ne saurions analyser ici les nombreux romans de Catherine. Nous devons, du moins, en dresser la liste. Après les *Annales galantes* il faut nommer le *Journal amoureux;* Paris, 1671 et 1680, in-12. Bayle lisait cet ouvrage et ne pouvait se défendre d'en trouver le style trop libre, ou, en d'autres termes, trop « sentant la nature » (1); mais, malgré ce défaut, l'estimait. Ensuite vinrent : *Les Aventures de Henriette Sylvie de Molière,* Paris, 1672 (2), et les *Galanteries grenadines;* Paris et Bruxelles, 1673, en

---

(1) Bayle, *Nouvelles lettres critiques sur l'Histoire du Calvinisme,* lettre XXII.

(2) Il y a d'autres éditions de ce roman : Amsterdam, 1673 ; Paris, 1700-1702; Rouen, 1733. L'abbé d'Allainval (*Lettre sur Baron et Mademoiselle Lecouvreur*) attribue à Alègre les *Aventures de Henriette Sylvie de Molière ;* mais il se trompe. Si ce roman n'avait pas été de Catherine, Barbin ne lui aurait pas donné place dans le recueil des *Œuvres.* Aucun des ouvrages faussement attribués à Madame de Villedieu ne se trouve dans le recueil de Barbin. Le dernier éditeur de la *Lettre sur Baron* a corrigé l'erreur de l'abbé d'Allainval.

2 volumes in-12 (1). Ce dernier recueil n'est pas très-estimé, mais on s'accorde à louer les *Aventures de Henriette Sylvie de Molière*, ouvrage vraiment original, dans lequel il y a de l'invention et du style. Les *Exilés* parurent à Paris, chez Barbin, en 1672, en 1675 et en 1684, in-12; Utrecht, 1684; Leyde, 1703. C'est un des meilleurs romans de Catherine. Sur ce point tous les critiques sont du même avis, et leur sentiment a été celui du public. Mme de Scudéri écrit au sujet des *Exilés* à Bussy-Babutin : « On a « fait un petit roman, qui s'appelle *les Exilés*, qui « est très-joli. Il y a un endroit qui dit qu'une grande « haine qui succède à un grand amour marque en- « core de l'amour caché. Cela m'a fait souvenir de « vous ; c'est un amant qui dit à sa maîtresse de ne « haïr pas tant un homme qu'elle avait aimé avant « lui, et il lui en dit cette raison... Voyez ce petit « roman (2). » On accorde encore une estime particulière au roman intitulé *les Amours des grands hommes;* Paris, 1679, in-12; Amsterdam, Hocgenhuysen, 1692, et, même ville, 1695, 1703, 1710. *Carmente* est un ouvrage dont Catherine a trouvé l'argument dans quelques vers de Virgile. C'est assez dire que tous les détails de cette nouvelle appar-

---

(1) Autre édition : Amsterdam, 1710, 2 part. en 1 vol. in-12.
(2) C'est le même ouvrage qui parut en 1802 sous ce titre : *Les amours des principaux personnages du règne d'Auguste*, 2 vol. in-12.

tiennent à son imagination vive et fertile en inventions. Publié pour la première fois à Paris, en 1680, in-8°, le roman de *Carmente* ne paraît pas avoir obtenu toute l'estime qu'il méritait. Nous ne connaissons pas les premières éditions des *Mémoires du sérail*, de l'*Illustre Parisienne* et de *Lysandre*. Ces romans ne sont parvenus jusqu'à nous que dans le recueil des *Œuvres* de Catherine. Les *Nouvelles africaines* furent publiées en 1680, et réussirent. Nous ne saurions non plus indiquer la première édition des *Annales galantes de la Grèce;* mais le succès de cet ouvrage nous est attesté par le nombre des éditions postérieures : Paris, Barbin, 1687 ; La Haye, Moetjens, 1688 ; Paris, 1700, in-12.

Cette liste est longue. Il suffit de la parcourir pour apprécier la fécondité de Catherine. Nous ne croyons pas que, sous ce rapport, on puisse lui comparer aucun des romanciers de son temps. Elle se distingue encore des uns et des autres par le goût et la recherche de la vérité. Bayle fait remarquer que les héroïnes de ses romans ne sont pas meilleures que les femmes ordinaires. Elle les représentait d'après nature, d'après elle-même. C'est ce qu'on lui dit un jour :

> Plus je relis ce que vous faites,
> Plus je connais ce que vous êtes ;
> Il ne faut que vous mettre en main.

Tout le monde, Iris, vous admire.
Si les Dieux se mêlaient d'écrire,
Ils emprunteraient votre main (1).

Le poëte, on l'entend bien, veut parler des dieux de la fable. Le style de Catherine ne peut, en effet, convenir qu'à des dieux galants et peu scrupuleux dans leurs galanteries, comme, par exemple, Mars et Jupiter.

Catherine Desjardins passa les dernières années de sa vie au lieu de sa naissance, à Saint-Remi-du-Plain, dans la terre de Clinchemore. Elle y avait retrouvé sa mère devenue veuve, et son cousin complice de ses premiers égarements. Ce qu'ils avaient de mieux à faire les uns et les autres, c'était d'oublier tout ce qui s'était passé durant leur séparation. Cet oubli fut promis et scellé par un contrat de mariage entre Desjardins et sa cousine. Catherine mourut à Clinchemore, au mois de novembre de l'année 1683 (2). On montre encore au sommet d'une tourelle la chambre où elle se retirait pour travailler à ses romans. La fin de sa vie fut cruelle. Puisque l'on a tant d'indulgence pour les égarements de la jeunesse, pour-

---

(1) *Le Parnasse français*, par Titon du Tillet, p. 366.
(2) C'est la date que nous lisons partout, excepté dans la *Bibliographie* de M. Desportes. Suivant M. Desportes, Catherine Desjardins ne serait morte que le 10 novembre 1692. Mais cette date nouvelle n'est-elle pas tout simplement une faute typographique?

quoi reprocher avec tant d'aigreur à la vieillesse, même repentante, un passé qu'elle ne peut abolir? Catherine mourut seule, abandonnée, presque dans l'indigence. On dit même que, dans l'amertume de son chagrin, elle abrégea sa vie par l'abus des liqueurs fortes; mais cela est contesté par d'autres biographes. La calomnie n'épargne pas les gloires déchues. Croyons, avec M. Clogenson, que l'on a sur ce point calomnié Catherine.

Plusieurs éditions de ses *OEuvres* furent publiées après sa mort. Barbin les donna d'abord en 1702, en 10 volumes in-12. Elles furent réimprimées à Paris, par la compagnie des libraires, en 1721 et en 1741, par Prault et Gaudoin, même nombre de volumes et même format. Une édition incomplète, en 6 volumes in-12, parut à Toulouse en 1703. Il ne faut se fier qu'à celle de Barbin ; les autres contiennent divers romans mal à propos attribués à Catherine. Parmi ceux-ci nous désignerons *Astérie* et le *Journal amoureux d'Espagne,* que le *Journal des Savants* (1) place parmi les œuvres de Mlle de La Roche-Guilhem ; *Don Carlos,* que Bayle (2) et M. Barbier revendiquent pour l'abbé de Saint-Réal ; *Le Prince de Condé,* qu'on retrouve parmi les œuvres de Boursault ; *Mlle de Tournon* et *Mlle d'Alençon,* qui, suivant le P. Nice-

---

(1) Du 17 décembre 1703.
(2) Lettre à M. Minutoli, du 7 mars 1675.

ron (1), sont de Pierre Vaumorière, le continuateur du *Faramond* de La Calprenède (2). Comptons enfin parmi les ouvrages inscrits à tort au nom de Catherine : *La Chambre de justice de l'Amour :* Paris, Bontemps, 1668, in-12, ouvrage de Louis Le Laboureur ; les *Nouvelles et Galanteries chinoises,* dont nous ne connaissons que la seconde édition, publiée à Lyon, par Boitel, en 1712, en 2 volumes in-12, et *Le Cercle ou les Conversations galantes,* roman imprimé par Barbin, en 1675, en 3 volumes in-12.

DESLANDES-GIRARD.

Avocat au barreau du Mans en l'année 1657, avocat peut-être distingué, mais à coup sûr très-méchant poëte, Deslandes-Girard a fait une ode française en l'honneur de son confrère Mathurin Louis, sieur des Malicottes. Elle a été imprimée en tête des *Remarques.*

---

(1) *Hommes illustres,* t. XXXV, p. 236.
(2) On attribue quelquefois *Mademoiselle de Tournon* au marquis de La Chétardie et à Madame de Murat.

DIEUXIVOYE (BERTIN DE).

Bertin de DIEUXIVOYE, né dans les premières années du xviie siècle, était du Maine, comme on l'apprend de son paranymphe, fait en 1648 par Robert Patin (1). Ayant obtenu le grade de docteur à la faculté de Paris, il exerça dans cette ville la profession de médecin, et y mourut vers l'année 1683. Il était en 1659 médecin du roi, et, en 1682 et 1683, doyen de la faculté (2).

Ce qui nous le fait connaître, c'est la part active qu'il prit, en 1658, à un débat fort orageux. Un bachelier nommé Louis Gallais avait proposé la thèse suivante : *An febri quartanæ peruvianus cortex?* A cette thèse, qui devait être soutenue sous la présidence du docteur Dieuxivoye, était joint un appendice sur le suc cyrénaïque, et, parmi les médecins qui devaient parler sur la question, se trouvait, outre notre Charles Bouvard, un certain Philippe Douté, adversaire très-résolu des opinions thérapeutiques du président. Ils se prirent de querelle dans cette rencontre au sujet des vertus du suc cyrénaïque, et,

---

(1) Notes manuscrites de Falconnet, à la Biblioth. nation.
(2) *Ibid.*, M. Desportes se trompe donc lorsqu'il le fait mourir en 1663.

comme il paraît, ils s'adressèrent les mots les plus durs. Ce fut Douté qui le premier porta la question devant le public, dans une brochure qui a pour titre : *Philippi Douté, D. M. P., de succo cyrenaico Diatriba ad Bertinum Dieuxivoye*; Paris, Boitet, 1658, in-4°. Cet opuscule est un pamphlet violent. Dieuxivoye répondit à son adversaire avec non moins d'aigreur et de vivacité. Cette réponse est intitulée : *Appendicis de liquore cyrenaico Defensio, authore Bertino Dieuxivoye*; Paris, Julien, 1659, in-4°. Lequel de ces belliqueux joûteurs avait dans sa cause Galien et bon droit ? Nous ne le savons trop ; mais nous lisons dans une lettre de Guy Patin : « Je vous « dirai que, depuis ma dernière, un de nos jeunes « docteurs, nommé Douté, a fait imprimer un petit « traité in-4°, de cinquante pages, du silphium, ou « suc cyrénaïque de Galien, contre un docteur de la « nation antimoniale, qui n'est ni savant, ni honnête « homme, mais Manceau (1). » Ces termes sont peu charitables ; mais Guy Patin avait tant d'horreur pour l'antimoine qu'il maudissait comme pestes publiques tous les partisans de ce remède.

Bertin de Dieuxivoye eut un fils, Bertin-Simon de Dieuxivoye, qui fut aussi médecin (2). Celui-ci, reçu

---

(1) *Lettres* de Guy Patin, t. I, lettre 126 de l'édition de 1707.
(2) *Quæstio medica quodlibetariis disputationibus mane discutienda in scholis medicorum... Proponebat Bertinus-Simon Dieuxivoye, Parisinus, baccalaureus medicus*; 1684, in-4°.

bachelier en 1684, rédigeait en 1688 une note latine sur la mort de Charles Du Fresne du Cange. Cette note curieuse a été publiée dans le *Bulletin des comités historiques*, 1849, p. 76.

DOUDIEUX (étienne).

Dans le catalogue manuscrit de la bibliothèque de Saint-Vincent, dom de Gennes compte au nombre des écrivains du Maine Etienne Doudieux, avocat, auteur d'un poëme latin dont voici le titre : *Illustriss. eccl. principis, domini Emmanuelis Philiberti de Beaumanoir, dignissimi episcopi, felix adventus in xenium ;* Le Mans, Hiér. Olivier, 1650, in-4°. Ce poëme, qui a près de six cents vers, contient un éloge très-pompeux de la maison de Beaumanoir et des familles auxquelles elle s'est alliée. L'auteur ne connaissait pas bien les règles de la prosodie latine. Il promet, dans les vers qu'il adresse à Emmanuel-Philbert de Beaumanoir, d'en composer d'autres en l'honneur du sieur de Vassé :

Vassæus item dux
Cui mea legitimum promittit musa volumen.

Nous ignorons s'il a tenu cette promesse. S'il ne l'a pas fait, un autre poëte a pris soin de perpétuer, en des vers qu'on lit encore, le souvenir de ce noble Manceau. Revenant en 1641 des eaux de Bourbon, Scarron écrivait la *Légende* burlesque de ce voyage, et, ayant rencontré dans la ville des bains le sieur de Vassé, jeune encore, mais atteint déjà d'un mal qu'il faut, il paraît, attribuer au déréglement de ses mœurs, il traçait de lui ce portrait :

>Monsieur de Vassé le Manceau,
>Qui n'est encor qu'un jouvenceau,
>Mais dont le bien, que je ne mente,
>Vaut quinze mille écus de rente.
>Il peut devenir accompli,
>Comme était son oncle Egulli.
>Il fera bien, car renommée
>Vaut mieux que ceinture dorée ;
>Et le pauvre homme, homme de bien,
>Vaut le riche qui ne vaut rien ;
>Mais il peut sans aller à Rome
>S'amender, car il est jeune homme,
>Et je le trouve disposé
>A se rendre un peu plus posé.

Dans les *Lettres de Costar* (1) nous en lisons une qui est à l'adresse du R. P. Doudieux, prédicateur et prieur des Augustins du couvent d'Amiens. Costar nous apprend que ce prieur avait habité le Maine :

---

(1) T. II, p. 95.

Vous avez laissé, lui dit-il, en cette province une si bonne odeur de votre nom, qu'en mon particulier, si je pouvais courre, *in odorem unguentorum tuorum currerem*. » Or, bien que cette lettre it été écrite quelques années après l'avénement l'Emmanuel-Philbert de Beaumanoir sur le siége piscopal du Mans, nous ne pouvons supposer que 'avocat et le prieur, le poëte et le prédicateur soient ne même personne ; mais ils appartenaient sans loute l'un et l'autre à la même famille.

DU BELLAY (JEAN), abbé.

Nous avons lieu de croire natif du Maine ce Jean Du Bellay, qui, après avoir étudié le droit à l'université d'Angers, fut ensuite cellérier, puis abbé de Saint-Florent de Saumur.

Sa promotion au gouvernement de cette abbaye est du 24 novembre 1404 ; mais, en l'année 1431, il se démit de cette charge en faveur de son neveu nommé Jean comme lui (1). Parmi les abbés de Saint-Florent Jean Du Bellay, l'ancien, est signalé comme auteur de

---

(1) *Gallia christiana*, t. XIV, col. 638.

statuts qui n'ont pas été imprimés. On les montrait encore à la fin du dernier siècle dans la bibliothèque de cette abbaye, et il est vraisemblable qu'ils sont aujourd'hui conservés dans les riches archives de Maine-et-Loire.

DU BELLAY (Guillaume).

Le bourg de Glatigny, situé aux confins du Maine et distrait du diocèse du Mans en l'année 1791, a été le lieu natal des six Du Bellay, illustres frères qui exercèrent les plus hauts emplois à la cour de François Ier, et eurent un grand renom de courage, de savoir et d'expérience (1). Leur famille était origi-

(1) De ces six frères, il y en a quatre dont nous devons nous occuper ici : les deux autres furent Jacques, colonel de deux mille hommes, tué en Sicile, et Nicolas, chevalier de Malte. Tous les renseignements que nous avons sur ce dernier nous sont offerts par une lettre de Jean Du Bellay, imprimée dans les *Preuves de l'Histoire du divorce de Henri VIII*, par Le Grand :
« M. de la Roche du Maine m'a écrit que ayant su la mort du frère Bernardin, et que le roi vous avait donné toute sa dépouille, il avait parlé pour mon frère, commandeur de fiefs, afin qu'il vous plût lui laisser la charge des galères, et que vous lui en aviez fait très-bonne réponse, dont humblement vous mercie et vous supplie, Monsieur, ainsi le vouloir faire, vous assurant sur mon honneur que ne la sauriez bailler à homme qui fût

naire de l'Anjou ; on connaît et on désigne encore quelques-uns de leurs aïeux par les belles actions qui ont recommandé leur mémoire (1).

pour plus mettre peine à vous y faire service. De longtemps lui désirons tel avancement, voyant toute sa fantaisie à la mer : à cette heure mieux lui aimerais au double, étant sous votre main, comme sont ses autres frères. Il ne me déplaît que d'une chose, c'est qu'il n'a été si heureux d'être de vous connu et vous avoir fait service, car je suis sûr que l'eussiez bien trouvé à votre goût ; mais il n'a guère pu se trouver à la cour, pour avoir été continuellement sur mer depuis l'âge de dix ans jusques à présent, où j'ose dire, après les rapports de ceux qui s'y connaissent mieux que moi, qu'il n'a omis une seule chose de ce qu'il faut faire pour entendre le métier ; de sorte que je pense qu'il l'entend aussi bien que nul de son âge, et de cette heure sont avec lui, outre les mariniers qu'il a retirés de sa connaissance, une douzaine de gentilshommes, partie chevaliers de Rhodes, qui, étant de bonne maison et expérimentés de longtemps, ne l'auraient suivi s'ils n'avaient bonne créance à lui. »

(1) « Jam inde a Capeti regis temporibus..... Bellaiorum gens et genere illustris et rerum gestarum magnitudine nobilis enituit. » Scævole de Sainte-Marthe, *Elogia Gallorum*, p. 15.

Salmon Maigret a célébré dans ces vers asclépiades la gloire de la famille Du Bellay :

    Vatis dexter ades carminibus tui,
    Nec cantus citharæ despice Lesbiæ
    Bellai, proavis edite Martiis,
    Quorum gloria erit clara perenniter
    Per fastos memores, atque diaria
    Francorum, a Capeto tempus ad hoc duce ;
    Qui ductum serie continua genus
    Augentes titulis splendidioribus,
    Rem semper patriam militiæ ac domi
    Provexere, boni consilio, manu,
    Fido regibus et pectore gallicis.
    Si quando inciderent dura negotia,
    Si turbata nigro tempora nubilo,
    Hostilisque metus incuteret furor,

Guillaume Du Bellay, sieur de Langey, né en 1491, fut l'aîné des fils de Louis Du Bellay, seigneur de Langey, d'Ambrières et de Lavenay, conseiller au parlement de Paris, et de Marguerite de La Tour-Landry. Bien que destiné, dès l'enfance, à la profession des armes, « comme est la coûtume et ordinaire voca-« tion de la noblesse française (1), » Guillaume reçut, de même que son père, une éducation libérale : aussi, dès qu'il parut à la cour, il s'y fit remarquer, malgré sa jeunesse. L'ignorance n'était pas encore très-mal notée dans le palais de nos rois; cependant on commençait à y faire état des lettres et des lettrés. Louis XII venait de descendre dans la tombe, et de laisser la couronne au fils du comte d'Augoulême, le favori des poëtes, l'ami des philosophes, au brillant François Ier. Langey, qui était à peu près du même âge que ce prince, et qui avait ses goûts et son humeur, fut bientôt admis dans sa familiarité. Quand, à peine monté sur le trône, François Ier voulut aller

>
> Adversum oppositæ tela Britanniæ,
> Funestisque levem seditionibus
> Et rapto solitam vivere Flandriam,
> Bellaii fuerant murus aheneus ;
> A *bello* inde tuis ducta vocabula,
> Præclaris animis convenientia.....

Ces vers se trouvent en tête du liv. Ier des *Hymnes* de Salmon Maigret.

(1) Thevet, *Histoire des Savants hommes,* en la vie de Guill. Du Bellay.

reconquérir le Milanais, Langey fut un des gentilshommes qui l'accompagnèrent dans cette aventureuse expédition ; il fut aussi, comme lui, fait prisonnier à la bataille de Pavie (1).

Langey regagna la France dès qu'il eut payé le prix de sa rançon et reparut à la cour, venant offrir ses services à Louise de Savoie, qui ne tarda pas à l'employer. Bien que Charles-Quint fît faire bonne garde autour de son royal prisonnier, et ne lui permît d'entretenir aucune correspondance avec la régente, celle-ci avait reçu d'Espagne de fâcheuses nouvelles ; on lui disait que les ennuis de la captivité avaient altéré la santé de son fils, et l'avaient peut-être sérieusement compromise. Ayant été le confident de ses inquiétudes, Langey partit pour l'Espagne, parvint jusqu'à Madrid par des chemins détournés, vit le roi pendant quelques instants, et revint à la hâte annoncer que sa maladie ne devait pas avoir de suites graves (2).

Quand, à la faveur du traité de Madrid, dont les articles furent si promptement contredits par ceux du traité de Cognac, François Ier rentra dans son royaume et s'empressa d'envoyer une armée en Italie pour chasser les Impériaux du Milanais, Guillaume fut chargé d'aller veiller sur les intérêts de la ligue

---

(1) *Mémoires de Martin Du Bellay*, édit. de l'abbé Lambert, t. I, p. 408.

(2) *Ibid.*, t. II, p. 19.

conclue entre le pape, les Vénitiens, les Suisses, les rois de France et d'Angleterre. Il s'acquittait de ce devoir, quand il apprit que le connétable de Bourbon avait formé le projet de surprendre Florence, de livrer cette ville au pillage, et d'aller ensuite occuper la capitale des Etats-Romains. Il se hâta d'avertir le marquis de Saluces, lequel, s'étant porté sur la route de Florence avec le duc d'Urbin, arrêta le connétable dans sa marche. Langey se rendit ensuite à Rome. Le pape et ses conseillers ne croyaient pas avoir beaucoup moins à redouter le roi de France que le roi d'Espagne. Celui-ci les menaçait, celui-là les trompait. Tandis qu'ils délibéraient encore sur le parti qu'ils devaient prendre, l'ennemi se présenta, s'empara des faubourgs de la ville, et contraignit le pape à chercher un refuge dans le château Saint-Ange. Le connétable allait franchir les portes de Rome à la tête des bandes impériales, quand Langey, ne prenant alors conseil que de lui-même, rassemble deux mille hommes qu'il fait placer sur les remparts. Le combat s'engage. Le connétable, atteint d'un coup de feu, tombe mourant aux pieds du prince d'Orange ; mais bientôt les assiégés, accablés par le nombre, quittent en désordre leurs murs envahis. Langey ne sait pas tourner le dos à l'ennemi ; entouré de quelques braves, il gagne en combattant le château Saint-Ange, s'y enferme et s'y maintient, tandis que les lansquenets, maîtres de la ville, dévastent les églises, égorgent les prêtres et violent les femmes. Cependant le prince d'Orange rappelle les pillards autour de lui, et va mettre le siége devant le château. Léon X pense que toute résistance est vaine, et, sommé de se rendre, il accepte les termes de la plus humiliante capitulation. Mais il ne convient pas à Langey de céder à de telles conditions, et, faisant à l'ennemi bonne contenance, il obtient que les troupes confédérées sortiront de la forteresse avec armes et bagages (1). Léon X avait livré son trésor et toutes ses places pour avoir la vie sauve, et il s'éloignait captif de la ville sacrée, abandonnée en proie aux goujats d'une armée luthérienne, tandis que les milices françaises, conduites par Langey, se retiraient en bon ordre avec les honneurs de la guerre et allaient chercher l'ennemi sur d'autres champs de bataille.

Nous lisons dans Brantôme : « Entre grands points
« de capitaines qu'avait M. de Langey, c'est qu'il
« dépensait fort en espions : ce qui est très-requis à
« un grand capitaine, comme je le tiens de bien
« grands et l'ai vu pratiquer : et était fort curieux de
« prendre langue et avoir avis de toutes parts ; de
« sorte qu'ordinairement il en avait de très-bons et
« vrais, jusqu'à savoir des plus privés secrets de
« l'empereur et de ses généraux, voire de tous les
« princes de l'Europe : dont on s'étonnait fort, et l'on

---

(1) *Mémoires de Martin Du Bellay*, t. II, p. 47 et suiv.

« pensait qu'il eût un esprit familier qui le servît en « cela. Mais c'était son argent, n'épargnant rien « du sien quand il voulait une fois quelque chose. » C'est ce que nous apprenons encore de Salmon Maigret :

> Exploratores variis regionibus illi,
>   Muneribus magnis quos cumulabat, erant.
> Nec subtile inventum hostis, consulta nec ulla,
>   Detegeret quæ non Langia sedulitas.
> Cœpta catus Cæsar quæ valde arcana putabat
>   Cura hujus francum non latuere ducem (1).

Il dépensait tant de sa bourse pour obtenir ces informations secrètes, qu'en peu d'années il fut complétement ruiné. A la vérité ses espions le servirent toujours très-bien. Il est, en effet, bien digne de remarque que, dans toutes ses négociations, c'est-à-dire durant tout le cours de sa vie si laborieusement employée au service du roi, Langey fut toujours informé des secrets des princes et connut même les instructions des simples chefs de bandes. Nous venons de le voir déjouer ainsi les projets du connétable de Bourbon sur la ville de Florence : l'année suivante, 1528, il apprit, par une voie également mystérieuse, qu'André Doria, commandant les forces navales de l'expédition, était sur le point d'abandonner la cause

---

(1) Salmonii Macrini *Nœnia de Hilermi Bellaii, satrapæ regii, obitu,* dans son *Epitome vitæ Jesu Christi,* p. 32.

de l'indépendance italienne, pour mettre ses galères et celles du roi de France au service de l'empereur. Comme il avait avec André Doria d'anciennes relations, il se rendit à Gênes et s'efforça de prévenir une défection qui pouvait avoir de graves conséquences. Doria lui confia ses griefs : Langey les trouva fondés et se rendit alors auprès du roi, devant lequel il s'empressa de les exposer, n'oubliant pas de dire qu'à son avis il importait d'user de ménagements avec un homme fier et violent comme l'était Doria, et qu'on ne pouvait rompre avec Gênes sans renoncer à prendre Naples. Cet avis ne fut pas celui du maréchal de Montmorency et du chancelier Duprat, qui exerçaient la plus haute influence dans le conseil du roi : les requêtes des Génois furent mal accueillies, et l'ordre fut donné d'arrêter Doria. Mais il était plus facile de donner cet ordre que de l'exécuter : averti par quelques amis, le chef de notre escadre se déclara pour l'empereur, et se rendit avec ses galères au secours de la ville de Naples, dont il fallut bientôt lever le siége (1). Cette retraite compromit d'une manière irréparable les affaires des confédérés, et le parti de l'empereur reprit l'avantage sur tous les points ; ainsi, pour n'avoir pas suivi les sages conseils de Langey, François perdit l'Italie presque conquise, et fut contraint d'accepter, au mois de juillet 1529, les clauses de l'humiliant traité de Cambray.

(1) *Mémoires de Martin Du Bellay*, t. II, p. 128 et suiv.

Dès son retour en France Langey s'était mis en devoir de réparer les brèches de sa fortune. Comme nous l'avons dit, ses espions si nombreux et si sûrs l'avaient absolument ruiné. Il s'adressa d'abord au chancelier, lui fit connaître le détail de ses pertes, de ses dettes, et le conjura de venir à son secours ; mais il ne put rien obtenir de lui. Il écrivit alors au grand-maître, le maréchal de Montmorency :

Monseigneur,

Le support que toujours vous a plu de me faire me donne la hardiesse de vous écrire la présente, vous suppliant en porter une bonne parole au roi.

Monseigneur, j'ai été averti que Monseigneur le chancelier, pour tant que j'ai dit qu'il me fait injustice, a tenu propos d'envoyer vers le roi se plaindre de moi ; et pour autant que paroles mouvant de personnage de telle autorité pourraient donner au roi quelque sinistre impression de moi, aussi que je ne puis nier que je n'aie dit cela et davantage et à gens que je voulais qui le lui redissent, et non-seulement dit, mais baillé par lettres écrites de ma main, que par aventure il pourra voir, je n'ai autre moyen sinon de confesser la faute, et pour excuse alléguer l'extrême nécessité et désespoir en quoi je me trouve ; lequel, sans point de faute, ne se pourrait baptiser d'autre nom que d'injustice, car il me coûte plus de 700 livres de rente non recouvrables, et en autres que pertes, que intérêts, plus de 25,000 francs, de sorte que je ne puis jamais être remboursé du principal qu'il ne m'ait coûté le double en intérêts ; encore demeurerai-je endetté et embrouillé. L'une des sommes m'est due il y a près de douze ans, et de quatre ou cinq cents qui étaient en même cause que moi tous ont été remboursés fors que moi. J'ai pour cette cause partie de mon bien décrété, grande partie en criées, et le surplus presque tout en main de commissaires; et si depuis naguères ne se fût trouvé à point un homme de bien qui a retardé l'affaire, la propre maison où se tient mon père fût passée par décret. Je vous laisse penser, Monseigneur, quelle nouvelle ce me serait que pour ma cause mon père, homme vieil au-dessus de quatre-vingts ans, fût chassé de sa maison, mis sur le pavé en tel esclandre et honte, avec tel ennui et regret qui vraisemblablement lui donneraient la mort. Je crois, Monseigneur, que, quand le roi mettra cette affaire devant ses yeux, non-seulement il excusera ma faute, mais trouvera fort étrange que, de son temps et contre son vouloir, il se fasse en son royaume choses contre justice si reprochables devant le monde et déplaisantes devant Dieu. Je dis contre son vouloir, car de lui je ne puis me plaindre : il a plus de trente fois commandé mon remboursement. De Madame non plus, car, en l'absence du roi, elle l'a commandé, voire sollicité. Du conseil aussi peu, car j'y ai eu par diverses fois ordonnances et assignations de mon remboursement. Donc ne puis-je me plaindre, sinon de mon malheur, et de celui qui de sa propre autorité casse, révoque et annule ce que le roi, Madame, le conseil ont commandé, ordonné et assigné. Si à Monseigneur le chancelier il semble que je parle trop irrévérencieusement de sa personne, mettre en mémoire que Dieu, après avoir tant persécuté Job qu'il le fît tomber en blasphème, ne le désavoua toutefois pour juste, ains lui en porta témoignage, et retourna à le récompenser de toutes ses pertes. Or ne suis-je si juste ne patient que

Job, ni le dit seigneur chancelier en plus grande dignité que Dieu, pour prendre les paroles plus à cœur que lui, si par trop grosse rigueur il m'a mis en désespoir.

Monseigneur, je vous supplie m'avoir pour excusé si affection me transporte. Je me suis vu seigneur de trois mille livres de rente que je ne acquis oncques, et je n'en ai maintenant deux cents dont je puisse disposer, et si ne me sens coupable d'aucune méchanceté par laquelle je les aie perdues, et plût à Dieu que là s'en arrêtât la conséquence, et que je ne fusse si malheureux de donner tel ennui aux vieux jours du pauvre père qui ne peut mais de mes folies. Je crois que Monseigneur le chancelier pense, pour avoir prescription de ma patience de plus de dix ans, que je lui fasse tort de lui interrompre sa possession. Et Dieu me soit à témoin, si je n'avais père, que je ne la lui eusse encore interrompue! Mais la révérence paternelle me contraint montrer en moi qu'il est véritable ce que le sage a dit, si longtemps a, que patience trop souvent irritée se tourne finalement non-seulement en ire, mais fureur.

Monseigneur, je prie au Créateur vous donner très-bonne et longue vie.

De Paris, ce 26 d'avril (1529).

Votre très-humble et obéissant serviteur,
Guillaume Du Bellay (1).

Cette plainte si vive n'eut d'abord aucun résultat. En effet, à la date du 15 juillet, réclamant aussi quelque secours d'argent pour Jean, son frère, ambassadeur à Londres, Guillaume Du Bellay disait encore,

---

(1) Biblioth. nat., Mélanges de Clairambault, t. XXV, fol. 2771.

parlant pour lui-même, au maréchal de Montmorency :
« Monseigneur, je suis aussi contrait vous ramente-
« voir ma triste nécessité. Depuis deux ans seule-
« ment j'ai payé autant d'usures comme montre la
« somme totale de ce qui m'est dû. Quand M. le
« chancelier sera venu au-dessus de son entreprise,
« qui est de me faire porter le bissac, s'il peut, il aura
« détruit un bon serviteur de son maître et lui aura
« ôté le pouvoir de faire service, mais le vouloir non,
« car il n'est en sa puissance (1). » En effet, malgré
tous les soucis que lui causaient ses dettes, Langey
ne laissait pas douter de ce constant « vouloir, » donnant chaque jour quelque preuve nouvelle de son
grand zèle pour le service du roi. François, chassant
dans les bois de Coucy, l'avait alors chargé de porter
au grand-maître toutes ses dépêches, et, avec ses dépêches, ses confidences (2). Il était le plus employé
des courtisans. Aucun, d'ailleurs, n'était plus sûr et
plus capable. Le grand-maître et le roi connaissaient
très-bien son dévouement et son mérite ; mais ils lui
reprochaient à bon droit de n'avoir jamais su se modérer en ce qui regarde la dépense, et, dans le triste
état du trésor public, ils ajournaient le règlement de
ses comptes. C'est le châtiment ordinaire des pro-
digues : quelle que soit la vivacité de leurs plaintes,
ils sont toujours les derniers à qui l'on rend raison.

(1) Manuscr. français de la Biblioth. nat., n° 3078.
(2) Mélanges de Clairambault, t. XLI, p. 2265 et suiv.

Le roi l'envoya vers ce temps en Angleterre (1). Il arrivait à Londres le 22 août 1529. Il n'allait pas y remplacer son frère Jean, mais le secourir dans une négociation très-importante. En signant le traité de Cambray, François avait pris l'engagement de payer pour sa rançon deux millions d'écus d'or au roi d'Espagne. Sur cette somme, neuf cent cinquante mille écus devaient être comptés à Henri d'Angleterre ; mais, comme il était impossible au roi de France de satisfaire à ces onéreuses obligations, il voulait d'abord essayer d'entrer en arrangement avec Henri VIII. Le roi connaissait Jean Du Bellay très-remuant, très-actif, très-audacieux ; mais, s'il était propre à conduire, à déjouer une intrigue, il n'avait pas encore la prudence et l'autorité nécessaires pour mener à bonne fin une négociation qui semblait devoir être si lente, si pénible, si contrariée. Quand Guillaume aborda le roi d'Angleterre, celui-ci, tout occupé de sa passion pour Anne de Boleyn, ne l'entretint que des raisons plus ou moins frivoles dont il entendait se servir en manière d'arguments pour obtenir du pape la rupture de son mariage avec Catherine d'Aragon. Guillaume comprit aussitôt que cet homme, exalté jusqu'au délire par ses instincts pervers, se montrerait accommodant sur tout le reste quand on aurait approuvé son projet de divorce. Jean Du Bellay l'ayant déjà confidentiel-

---

(1) Mélanges de Clairambault, t. XLI, p. 2361.

lement approuvé, Guillaume confirma les déclarations de son frère, et dès lors un grand pas fut fait vers l'accommodement qui devait rendre moins difficile l'exécution du traité de Cambray. Cependant l'affaire ne fut pas aussitôt conclue. François avait envoyé Guillaume en Angleterre, sans lui remettre, avec ses instructions, le texte même de ce traité de Cambray. Son intention était de n'en pas faire connaître encore tous les articles. Soupçonnant à bon droit quelque piége, les conseillers d'Henri VIII lui prouvèrent aisément qu'il ne pouvait rien conclure sans avoir cette pièce, et Guillaume la demanda (1). Elle fut enfin livrée, et, quelques jours après le 1er septembre, le conseil d'Henri VIII en fit avidement la lecture. Cela brouilla tout. Le traité connu, tant d'objections s'élevèrent contre telle clause, contre telle autre, que Guillaume fut obligé de rentrer en France. Il partait subitement quelques jours avant le 14 septembre, venant entretenir le roi, le grand-maître, des difficultés qu'il rencontrait et demander ce qu'il devait faire pour les aplanir.

Nous ne pouvons omettre de raconter un des incidents de ce voyage. Après avoir été visiter le grand-maître, qui avait sa résidence ordinaire dans le somptueux domaine de Chantilly, Guillaume devait se rendre auprès du roi. Mais le roi se trouvait alors loin de

(1) Mélanges de Clairambault, t. XLII, p. 2381, 2383. — Le Grand, *Hist. du divorce*, t. III, p. 345.

Paris. L'ambassadeur, qu'on avait si grand besoin d'entendre, déclara qu'il ne pouvait sans argent se mettre en route, et, après avoir longtemps fatigué de vaines plaintes le roi, la reine-mère, le conseil, le chancelier, le grand-maître, Langey prit fièrement le parti de se taire, mais de rester en place, et d'attendre ses gages obstinément refusés. Informée par lui de cette résolution, la princesse Marguerite écrivit au grand-maître : « Le pauvre Langey m'a écrit comme
« il ne peut partir de Paris pour aller devers le roi,
« parce que tout son bien se perd et s'en va pour son
« service... Je vous prie le vouloir remontrer au roi
« et faire qu'il lui plaise commander à M. le chance-
« lier que ce qu'il a dépendu pour le service dudit
« seigneur lui soit alloué (1). » Cette lettre de Marguerite est du mois d'octobre 1529. Comme nous l'apprend une autre lettre écrite vers le même temps à Marguerite par Jean Du Bellay (2), le chancelier vaincu régla les comptes de l'ambassadeur, et celui-ci partit à la hâte vers le roi.

Ayant vu François et lui ayant exposé quelle était la disposition des esprits à la cour d'Angleterre, Guillaume repassa la Manche avec de nouvelles instructions. Nous le retrouvons à Londres le 27 janvier 1530, travaillant avec ardeur à se concilier les bonnes grâces

---

(1) *Lettres de Marguerite*, édit. Génin, t. I, p. 243.
(2) Mélanges de Clairambault, t. XXV, p. 2861.

de l'impétueux et sombre Henri VIII, et déjà s'applaudissant d'avoir obtenu quelques succès (1). Un mois après, le 2 mars, il est de retour à Paris, porteur de toutes les obligations financières qui seront remises aux députés de Charles V (2). Non-seulement le roi d'Angleterre a donné décharge au roi de France des neuf cent cinquante mille écus que celui-ci devait lui compter, mais il lui prête encore, pour cinq ans, quatre cent mille écus, qui vont servir à libérer les enfants de France détenus comme otages dans le château de Madrid (3).

Langey ne séjourne pas à Paris ; il est rendu le 8 mars dans la ville de Blois, où le roi l'attend pour le remercier de ses grands services (4), et, ce détail n'est pas à négliger, pour lui demander quelque argent. Langey nous a fait maintes fois la confidence de sa détresse habituelle : eh bien ! à peine est-il arrivé près du roi que celui-ci, plus misérable encore que le plus endetté de ses serviteurs, sollicite sa bourse par hasard bien garnie, et lui fait un emprunt de dix mille écus. Nous tenons ce détail du roi lui-même (5). Langey revient ensuite à Paris faire, avec les ambassadeurs de Charles V, l'estimation des terres échangées selon

---

(1) Mélanges de Clairambault, t. XLIII, p. 3101.
(2) *Ibid.*, p. 3219.
(3) *Mémoires de Martin Du Bellay*, t. II, p. 165.
(4) Mélanges de Clairambault, t. XLIII, p. 3251.
(5) Lettre du 28 mars au grand-maître; *Ibid.*, p. 3445.

le texte du traité de Cambray, et, en outre, comme il s'exprime, « aider à la matière du roi d'Angleterre (1). »

Il s'agissait d'obtenir une décision de l'Université de Paris, conforme aux vœux de ce roi, touchant l'affaire du divorce. Langey l'avait promise, Henri l'avait libéralement payée ; le moment était venu de s'acquitter envers lui. Cependant Langey procède lentement ; il craint de causer un trop vif déplaisir à l'empereur, qui n'a pas encore ouvert aux enfants de France les portes de leur prison ; mais dès qu'on apprend à Paris que ces précieux otages seront livrés le 26 juin, Langey convoque la faculté de théologie et lui soumet la question. Le roi d'Angleterre a pris autrefois pour femme, avec dispense du pape, la veuve de son frère : mais il est maintenant assiégé par les plus douloureux scrupules ; il craint que le pape n'ait pu le dispenser d'observer strictement la loi divine qui défend de tels mariages. D'autre part, l'empereur d'Allemagne, neveu de la reine d'Angleterre, ne veut pas la maintenir contre la loi divine entre les bras de son royal époux, mais il ne consent pas à ce qu'elle soit injustement répudiée. La question est donc de savoir si le pape avait qualité pour accorder la dispense avec laquelle le mariage s'est fait. Langey n'avait pas manqué de visiter à l'avance ou de faire visiter les docteurs auxquels devait être soumise cette grave question : ils savaient

---

(1) Mélanges de Clairambault, t. XLIII, p. 3251.

tous ce qu'ils devaient répondre pour agir en bons Français. La résolution de la faculté de théologie de Paris fut donc que le roi d'Angleterre n'avait pas fait avec Catherine d'Aragon un mariage valable (1). On ne pouvait conclure en des termes plus conformes à ses vœux. Langey demeura quelque temps à Paris, après avoir remporté cette éclatante victoire sur les secrets agents du pape et de l'empereur. On faisait craindre à François une rétractation des théologiens; mais cette rétractation, déjà publiquement annoncée, n'eut pas lieu; la vigilance et la fermeté de Langey l'empêchèrent.

Quand, en l'année 1531, les princes d'Allemagne, soulevés contre la domination espagnole, vinrent prier le roi de France d'accepter la tutelle de leur confédération, Langey fut envoyé par le roi vers ces princes, dont on n'avait pas recherché, mais dont assurément on ne dédaignait pas l'alliance. Les conférences qu'eut avec eux Guillaume Du Bellay ne devaient pas avoir, toutefois, de résultat immédiat: le roi de France ne pouvait, sans des motifs suffisants, et il n'en avait pas de tels, manquer aux engagements pacifiques contractés à Cambray; d'autre part, les princes allemands, jaloux de maintenir leur indépen-

---

(1) Lettre au roi de Guill. Du Bellay, dans Le Grand, *Hist. du divorce*, t. III, p. 458. — Egass. Du Boulay, *Hist. univ. Paris.*, à l'année 1530.

dance religieuse, ne voulaient pas néanmoins se séparer de l'Empire, et Charles V était empereur.

Langey quitta l'Allemagne pour retourner en Angleterre. François et Henri devaient se rencontrer sur le continent, et former une nouvelle alliance ; ils avaient, d'ailleurs, à s'entretenir de leurs griefs contre le pape, et à prendre un parti sur les prétentions fiscales de la cour romaine. Langey se rendit à Londres pour préparer cette entrevue, qui eut lieu, dans la ville de Calais, au mois d'octobre de l'année 1532 (1). Quand Henri VIII eut pris le parti de rompre ouvertement avec la cour de Rome, qui refusait de transiger sur l'affaire du divorce, il voulut avoir encore un entretien avec Guillaume, lui confier son mariage secret avec Anne de Boleyn, et connaître l'opinion de cet habile homme sur les conséquences éventuelles de la rupture qu'il préparait. Langey passa de nouveau le détroit, où quelques vaisseaux écossais, armés en guerre, lui donnèrent la chasse et l'avertirent que le roi d'Ecosse profitait des circonstances pour se déclarer, avec le pape, contre le roi d'Angleterre (2). Mais, du moins, Henri pouvait-il compter sur la

---

(1) *Mém. de Martin Du Bellay*, t. II, p. 207. — Une lettre manuscrite de Guill. Du Bellay au sieur Pomponio de Trévoult, gouverneur de Lyon, datée de Windsor, 10 sept. 1532, contient le détail de ce qui avait été réglé par cette entrevue. Cette lettre se trouve dans le recueil 1832 du fonds de Saint-Germain, à la Bibliothèque nationale.

(2) *Ibid.*, p. 261.

France. Langey lui promit encore une fois que si les hostilités étaient ouvertes par les alliés du pape, François reprendrait les armes et porterait secours au roi son ami. François n'eut pas à remplir cette promesse ; le pape ne réussit pas alors à mettre en mouvement la ligue qu'il avait presque formée. Les relations des deux cours n'en furent pas moins amicales. Henri s'étant déclaré chef suprême de l'église anglicane, pressa le roi de France d'agir comme lui. Toutes les maisons régnantes avaient contre le pape à peu près la même somme de griefs anciens ou récents ; tous les rois, d'ailleurs, aspiraient également à devenir seuls maîtres dans leurs royaumes. François fut, dit-on, sur le point d'imiter l'exemple d'Henri. S'il en fut détourné par les prudents conseils du cardinal de Tournon, il ne négligea rien, toutefois, de ce qu'il avait à faire pour remplir ses engagements envers son allié, et, tant que dura la paix, il surveilla toutes les démarches de l'empereur et contraria toutes ses intrigues, avec la résolution de recommencer la guerre en temps opportun.

Envoyé de nouveau dans les états germaniques, sous divers prétextes que l'empereur devait trouver plausibles, Langey parut à la diète d'Augsbourg, pour y plaider la cause des ducs de Wurtemberg, chassés de leurs domaines par Ferdinand, roi des Romains. Il obtint le rétablissement de ces princes sur le trône de leurs ancêtres, et fit prononcer la rupture de la ligue de Souabe que Charles V avait tant à cœur de maintenir. On possède deux discours que Langey prononça devant la diète. Avant de l'entendre, les membres de cette assemblée se montraient peu jaloux de prendre parti pour les princes héréditaires de Wurtemberg; il les captiva, les entraîna par son éloquence, et toutes les résolutions qu'il crut devoir proposer réunirent le plus grand nombre de suffrages (1). Le roi de France fut proclamé tuteur des libertés germaniques. Le succès de cette ambassade contraria vivement Charles V: mais il avait pris l'engagement de se soumettre à la sentence de la diète, et, quel que fût son déplaisir, il ne put le manifester.

Vers la fin de l'année 1535, nous retrouvons Langey prenant part aux délibérations de la célèbre diète de Smalcade, et s'efforçant de détacher les princes allemands de la cause impériale. Il eut alors avec les théologiens du parti protestant divers colloques où l'on parla beaucoup des affaires de la religion, mais où l'on ne décida rien. Mélancthon, Pontanus, Jacques Sturm plaidèrent devant lui la cause des réformés, et se plaignirent des mauvais traitements que François avait récemment fait subir à quelques-uns de leurs amis. Langey répondit que le roi son maître n'avait aucune disposition à l'intolérance, qu'il n'ignorait pas les désordres de l'église catholique et qu'il avait à cœur

---

(1) *Mémoires de Martin Du Bellay*, t. II.

de les voir cesser, mais qu'il ne pouvait autoriser que, sous prétexte de religion, on prêchât la révolte dans ses provinces ; qu'il refusait d'ailleurs d'être l'arbitre des consciences, qu'il faisait cas des hommes sincères et bien famés de tous les partis, et qu'il aimait à les entendre exposer leurs opinions contraires, mais qu'il ne pouvait épargner les artisans de discorde civile sans compromettre l'autorité de son glaive, et manquer à ses devoirs envers Dieu (1). Quand Guillaume s'exprimait en ces termes, au nom du roi, il ne disait pas toute la vérité. En effet, au commencement de cette année 1535, un bûcher dressé sur une des places principales de Paris avait reçu plusieurs luthériens, auxquels les juges séculiers n'avaient pas imputé d'autres crimes que leurs sentiments hétérodoxes ; mais il importait si fort à François Ier d'obtenir la neutralité des électeurs de l'Empire durant la guerre prochaine, qu'il eût volontiers, à cette condition, cédé sur quelques points de doctrine aux plus obstinés fauteurs de l'hérésie luthérienne. Il existe une pièce fort curieuse : c'est le procès-verbal de la conférence qui eut lieu, le 20 décembre 1535, entre Pontanus, chancelier de l'électeur de Saxe, et l'ambassadeur du roi de France. Les discours rapportés par Sleidan ayant paru suspects au P. Maimbourg, Louis de Seckendorff eut à cœur de prouver la sincérité de l'historien protestant, et, dans

---

(1) *Mém. de Martin Du Bellay*, t. II, p. 196. — Sleidan, *Histoire de l'état de la religion*, liv. IX.

son *Histoire du Luthéranisme*, il publia, d'après les registres manuscrits de l'assemblée de Smalcade, un résumé très-précis des paroles échangées entre les interlocuteurs. Nous lisons dans ce résumé que, sur la question de l'autorité papale, le roi de France déclare, par l'organe de Guillaume, n'être pas très-loin de partager l'opinion des protestants ; il dit même expressément qu'à son avis le gouvernement monarchique établi dans l'église n'est pas d'institution divine. Sur la question de la cène, il avoue que la doctrine de la présence figurée lui semble très-sensée ; s'il n'y peut adhérer, c'est, dit-il, qu'elle est condamnée par tous les théologiens français. Sur d'autres points il ne fait pas des concessions moins importantes : il n'approuve pas notamment la liturgie de l'église romaine en ce qui concerne l'invocation des saints ; il est prêt à souscrire à l'opinion de Mélanchton sur le libre arbitre, et il n'a jamais été pleinement convaincu de l'existence du purgatoire. S'il est en dissentiment avec les théologiens protestants sur quelque affaire de doctrine, c'est en ce qu'il ne saurait approuver le mariage des prêtres : il espère du reste qu'à sa demande les illustres docteurs réunis à Smalcade voudront bien lui envoyer quelques personnes dignes de leur confiance, avec lesquelles il aura de pacifiques entretiens (1). Bayle, rappelant ce procès-verbal de l'assemblée de

---

(1) Seckendorff, lib. III, p. 109 et 259.

Smalcade publié par Seckendorff, explique le langage tenu par Guillaume pour le roi de France, en disant que les ambassadeurs ne sont jamais tenus de parler avec une entière franchise. Il n'est pas, toutefois, convenable, il n'est pas même prudent qu'ils dissimulent jusqu'à mentir. Mais, en fait, Langey ne mentait pas; car François, très-peu dévot, n'avait au fond du cœur aucune disposition malveillante contre les doctrines de la réforme ; il aurait pu les recevoir toutes sans se faire aucune violence, s'il n'avait été roi.

La troisième ambassade de Guillaume près des électeurs de l'Empire eut un résultat équivoque. Cependant François était impatient de déchirer le traité de Cambray, et de rétablir l'honneur des armes françaises. Il choisit encore l'Italie pour champ de bataille. Ayant eu quelques différends avec le duc de Milan, il chargea l'amiral Philippe de Chabot, sieur de Brion, de traverser les Alpes et d'aller envahir de nouveau les états de ce prince. L'amiral commença par s'emparer du Piémont, où il ne rencontra pas une vive résistance. Charles V guerroyait alors avec les pirates de Tunis. Quand il reçut la nouvelle de l'occupation du Piémont, il ne se jugea pas en mesure de répondre au défi de François, qui avait alors dans son camp le roi d'Angleterre et les princes d'Allemagne détachés de la ligue de Souabe, et il s'occupa d'abord de rompre la ligue qui faisait la force de son ennemi. Henri fit un froid accueil à ses ouvertures empressées. Les agents de Charles V eurent plus de succès dans les états germaniques. Ils allèrent publiant partout que le roi de France venait de bannir de son royaume tous les sujets allemands, et de condamner au dernier des supplices tous les Français qui seraient surpris entretenant quelques rapports de commerce avec les états d'Allemagne ; ils ajoutèrent que le même roi, se disant très-chrétien, travaillait avec Soliman à la ruine de l'empire germanique, et qu'il avait commencé l'exécution de ce dessein impie par l'envoi d'une armée d'incendiaires dans les principautés où n'avait pas encore pénétré l'esprit de rébellion. Ces bruits, habilement répandus et confirmés par le témoignage des principaux officiers de l'Empire, alarmèrent et soulevèrent les habitants des villes et des campagnes ; de toutes parts on courut aux armes, et l'on parla de marcher aux frontières françaises (1).

Tel était l'état des choses en Allemagne, en 1536, quand Guillaume s'y rendit encore une fois en toute hâte, ayant pour mission de démentir tant de rumeurs calomnieuses, et de réconcilier avec la France les princes et les peuples frappés de la même épouvante. En arrivant, il fut accueilli par les démonstrations du plus aveugle ressentiment ; les princes ne voulurent ni l'entendre, ni lui donner asile, et, comme tous les gens du pays étaient en armes, Langey

---

(1) Seckendorff, lib. III, p. 317-390.

se vit obligé ou de fuir au plus tôt vers la France, ou de chercher quelque retraite dans laquelle il pût du moins, durant cet orage, cacher sa tête proscrite. Il hésitait entre l'un et l'autre parti, lorsqu'il fit la rencontre d'un seigneur allemand qu'il avait autrefois compté parmi les amis de la France. Celui-ci, l'ayant reçu dans sa maison, alla trouver quelques personnes notables et les pria de venir rendre une visite secrète à l'ambassadeur du roi de France. Langey profita de leur bonne volonté, pour avoir avec ces gens mal prévenus de longs entretiens sur les mensongères rumeurs semées par les émissaires de Charles V. Mais c'était peu de chose que d'avoir éclairé quelques esprits : Langey, ne pouvant encore se montrer en public, fit, du moins, imprimer en latin, en allemand et en français, un discours dans lequel il démentait avec énergie les fausses nouvelles fabriquées par l'Espagnol, et prouvait, par un exposé sommaire des faits réels, que Charles V avait ourdi cette intrigue et d'autres encore pour rendre le nom de François odieux à ses amis, à ses alliés. Sur ces entrefaites, arrivèrent des marchands de tous les cercles de l'Empire qui venaient de la foire de Lyon et se rendaient à celle de Strasbourg. Langey demanda qu'ils fussent recherchés, interrogés, et qu'on apprît d'eux la vérité tout entière. On la connut enfin : loin d'avoir été persécutés en France, ils avaient été traités par les officiers du roi, par le roi lui-même, avec une bienveillance plus qu'ordinaire ; loin d'avoir été contrariés dans leurs opérations mercantiles, ils avaient été conviés à prendre dans le trésor royal toutes les sommes dont ils pouvaient avoir besoin. Ces déclarations calmèrent les esprits : Guillaume, sortant alors de sa retraite, envoya ses lettres de créance à Louis de Bavière, doyen des électeurs de l'Empire, et vint à Munich. Il n'y put rester longtemps : si les populations désabusées n'étaient plus hostiles à l'ambassadeur français, il devait redouter, en Bavière, de secrètes embûches, l'empereur et le roi des Romains ne professant pas beaucoup de respect pour les règles du droit des gens. Il se retira donc à Bâle, vers le mois d'août 1536, et réclama des princes de l'Empire une audience publique pour l'ambassadeur du roi de France : il voulait, disait-il, exposer dans cette audience le détail des questions qui devaient être résolues par la voie des armes, et faire les électeurs juges de la conduite de Charles V. Dans le même temps, il écrivait au roi la lettre suivante, dans laquelle nous trouvons de curieux renseignements sur la situation des esprits en Allemagne et en Suisse :

Bâle, 12 août 1536.

SIRE,

J'ai aujourd'hui reçu vos lettres du 12 du passé, ensemble les lettres pour le seigneur Sturmius, que je lui ferai tenir, et lequel je trouve toujours votre bon serviteur, et, sans demander autre chose de vous, sinon ce que je vous dirai de bref, qu'il ne pense toucher principalement que votre avancement, dont il estime dépendre celui de sa république. Quant aux calomnies qu'on a semées par deçà contre vous, je y ai fait les remontrances que vous m'avez ordonnées, lesquelles j'espère ne vous seront inutiles. Personnages de bien gros crédit m'ont dit qu'ils ne se peuvent assez ébahir, s'il est vrai ce que je leur dis, et qu'ils commencent à croire, comment vous avez souffert sans répondre. Le contraire leur est prêché déjà bien douze ans, et, si vous avez quelquefois répondu, ce a été d'aucuns points comme si vous eussiez avoué les autres. Je voudrais, Sire, qu'on eût bien pesé ce que Beauvais autrefois vous en écrivit. En somme, on m'assure que si je leur ai porté parole de vérité en ce que leur ai dit de par vous, et on vous donne une journée, que le droit vous sera adjugé; si l'empereur empêche qu'on ne la vous accorde, qu'il mettra la Germanie contre soi; et m'ont eux-mêmes pressé et baillé les moyens (mais en payant) de faire imprimer lesdites remontrances. Vous avez vu ce que j'ai écrit au Palatin Electeur, lequel m'a fait réponse, et sur icelle j'ai écrit à tous les princes lettres dont je vous envoyai le double; mais je les ai depuis augmentées et diminuées par endroits, attendant quelle résolution se prendra sur cette journée. Ces villes, si elles ne m'ont menti, ne donneront aide commune à l'Empereur, mais ne peuvent empêcher honnêtement leurs sujets d'aller à son service pour le présent : pour l'avenir m'en donnent ouverture de moyens. Les gens d'église, si l'Empereur vous donne quelque bastonnade, lui fourniront tout ce qu'ils auront; à cette cause il fait toujours courir ici cent nouvelles pour lui. Déjà l'évêque de Strasbourg a vendu une forêt pour apprêter argent à cette intention; les biens de ladite église, donnés par vos prédécesseurs, seront employés à cet usage. Quant à gens de guerre, il n'y a ordre, Sire, de vous en faire levée pour ce temps. Par ci-devant en eussiez eu prou et des plus aguerris : je trouve que, pour le présent, ils sont par deçà de trois espèces : les uns, qui se disent évangéliques, courent contre vous comme contre leur principal persécuteur; les autres, papistiques, comme contre le Turc, car les Impériaux ne vous baptisent point autrement; la tierce espèce, mêlée des deux autres, n'adore Dieu ne déesse, que leur mère, la Guerre, et ceux-là, si vous eussiez fait levée de bonne heure, vous eussent tous suivi, car ils disent que votre argent vient mieux que celui de l'Empereur, et prou en a qui ont longtemps attendu si vous les demanderiez, lesquels depuis ont pris parti de l'Empereur... Sire, je mettrai peine d'être devers vous de bref, pour vous dire le surplus de bouche (1).

Guillaume n'obtint pas l'audience qu'il avait instamment sollicitée ; mais, du moins, avant de quitter l'Allemagne, adressa-t-il aux princes conjurés une longue lettre, où nous trouvons le résumé des arguments qu'ils ne lui permirent pas d'exposer en public. Si ces remontrances produisirent peu d'effet sur les princes, les démarches qu'avaient faites Du Bellay pour apaiser l'émotion populaire eurent toutefois un résultat : de treize mille paysans qui s'étaient enrôlés pour aller tirer vengeance du meurtre supposé de

---

(1) Cette lettre, qui n'avait pas encore été publiée, se trouve à la Bibliothèque nationale, dans le n° 1832 du fonds de Saint-Germain.

leurs concitoyens, trois mille seulement restèrent sous les enseignes impériales (1).

Les hostilités recommencèrent bientôt. Ayant envoyé ses lieutenants mettre le siége devant les places que l'amiral de Brion occupait dans le Piémont, Charles se rapprocha de la frontière française, et prétendit envahir la Provence. C'était une entreprise téméraire. François se porta sur Lyon et de là sur Valence, où il établit son camp : il était jaloux de répondre par quelques grands faits d'armes à l'insolent défi de l'Espagnol qui venait attaquer un roi de France jusqu'au sein de ses états. Il fallut que l'on mît tout en œuvre pour modérer son impatience. Le maréchal de Montmorency, qui défendait le camp d'Avignon, envoya deux fois Guillaume à Valence. Celui-ci rendit compte au roi des mouvements de l'ennemi, et l'engagea fort à ne pas quitter son camp fortifié. Il y avait, en effet, lieu de croire que Charles, trouvant la frontière bien gardée, regagnerait promptement l'Italie, après avoir battu la campagne sans livrer un seul combat. L'envoyé du maréchal ne réussit pas dans sa mission ; François lui répondit, non pas sans doute avec la prudence d'un général, mais avec la dignité du premier gentilhomme de son royaume : « Non, il ne sera pas dit que l'empereur « sera venu m'attaquer à la tête de son armée, et que

---

(1) *Mém. de Martin Du Bellay*, t. III, p. 244-274.

« moi, je ne l'aurai pas reçu à la tête de la mienne ;
« qu'il se sera présenté les armes à la main, et que,
« pendant ce temps, je serai demeuré dans mon camp
« de Valence, remplissant la charge de commissaire
« des vivres (1)... » Après avoir prononcé ces nobles paroles, François ordonna de tout préparer pour le départ, et, le lendemain, il se mit en route avec sa gendarmerie se dirigeant vers Avignon. Mais déjà l'empereur opérait sa retraite sur Fréjus. Quand il eut repassé la frontière, François se rendit à Marseille, et chargea Guillaume d'aller visiter la ville d'Aix, que les Impériaux avaient dévastée. Sur le rapport que lui fit Langey, le roi décida que les murailles détruites seraient relevées, et que les monuments publics, incendiés par les ordres de Charles V, seraient rétablis dans leur premier état (2).

Langey partit ensuite pour le Piémont, où la guerre se continuait, sans que l'on fît, de part et d'autre, de grands efforts. Il parvint à réconcilier deux princes italiens, dont les débats personnels pouvaient avoir des suites fâcheuses, et pourvut ensuite à la sûreté du marquisat de Saluces (3). Cependant, à son retour en France, il ne put donner au roi de bonnes nouvelles : l'armée française, constamment harcelée, reculait en s'affaiblissant, et l'ennemi s'emparait peu à peu des

---

(1) *Mém. de Martin Du Bellay*, t. IV, p. 204 et suiv.
(2) *Ibid.*, p. 239.
(3) *Ibid.*, p. 332-340.

meilleures positions, sans jamais courir les risques d'une bataille décisive. François envoya dix mille lansquenets et quatre cents hommes d'armes au secours de ses gendarmes et, peu de temps après, d'autres compagnies furent conduites en Italie. Langey reçut l'ordre de traverser encore une fois les monts, et de porter vingt-cinq mille écus à la garnison de Turin.

L'ennemi s'était rendu maître de toutes les places situées au pied des Alpes ; ce qui rendait le passage fort difficile. Langey se vit obligé de demander une nombreuse escorte au duc de Wurtemberg, et gagna la ville de Suse sous la protection de ses lansquenets. A leur approche, les Impériaux, qui gardaient les défilés des Alpes, furent pris d'une subite terreur, et quittèrent à la hâte les positions dont la défense leur avait été confiée. L'arrivée de Langey dans les murs de Turin releva les esprits découragés. Il n'y séjourna pas longtemps. En quittant cette ville, il courut les plus grands dangers. Les Impériaux, ayant appris qu'il n'avait en sa compagnie que vingt-cinq chevau-légers, se présentèrent sur son passage, et voulurent s'emparer d'un homme qui leur était signalé comme le plus actif, le plus habile des agents de la cour de France : mais ils ne réussirent pas dans cette entreprise, et Langey put gagner la ville de Suse où il avait laissé la plus forte part de son escorte, les lansquenets du prince de Wurtemberg (1). On sait quelle

---

(1) *Mém. de Martin Du Bellay*, t. **IV**, p. 357.

fut l'issue de la campagne de l'année 1536. Au mois d'octobre, François, craignant que l'ennemi ne l'attaquât de nouveau du côté des Flandres, regagna la France avec les troupes qui guerroyaient dans les gorges du Piémont, et conclut avec les Impériaux une trêve de trois mois, qui, plus tard, fut prolongée. C'est à la suite de cet arrangement qu'il nomma Montejan son lieutenant général au delà des monts, et Langey gouverneur de Turin (1).

Nous lisons dans tous les mémoires du temps que la durée des établissements français en Italie fut moins compromise par les coups de main de Charles V et de ses lieutenants, que par la triste situation de nos finances. Dans ses lettres au roi et au cardinal de Tournon, le gouverneur de Turin déclara toujours la vérité, et donna les avertissements les plus sages ; mais on n'en profita pas. Il réclama tant de fois de l'argent pour payer la solde arriérée des troupes, pour gagner à la cause française des chefs de bande sans emploi, pour calmer les populations insoumises et pour rétribuer les utiles services de ses nombreux espions, que toutes ses requêtes semblent être diverses copies de la même dépêche. Nous citerons cette lettre encore inédite du 12 janvier 1537, où l'on appréciera, d'une part, quels étaient à l'égard de la France les sentiments des Piémontais, et, d'autre part, quels

---

(1) *Mém. de Martin Du Bellay*, t. IV, p. 357.

étaient les embarras financiers du gouvernement de Turin :

Sire,

Allant devers vous messire Anthonin des Androis, l'un des conseillers de votre parlement de Piémont et l'un des principaux du conseil de cette ville, et à présent commis et député par les syndic, conseil et habitants, pour vous exposer leur intention sur les affaires communes d'icelle, tant pour la maintenir et perpétuer, ainsi qu'ils le désirent, en votre obéissance, que pour y méliorer toujours l'ordre et police, je ne leur ai voulu refuser de les accompagner de la présente par ce porteur, lequel j'envoie pour solliciter la dépêche du paiement des gens de guerre de cette ville, lesquels il ne sera, au cher vivre qui est en la ville, possible entretenir en obéissance, s'ils n'ont toujours leur dit paiement à heure due ; et toutefois que je ne fais point de doute qu'il ne doive arriver à temps, ayant Monseigneur de Montejan, votre lieutenant général, envoyé Pescheray exprès pour la sollicitation tant du dessus dit paiement que de celui des autres villes. Si est que l'expérience du passé tient ces gens ici en telle crainte, qu'ils n'en seront jamais bien à repos jusques à tant qu'ils voient quelque bonne assurance être mise au fait dudit paiement de mois en mois...

Sire, la plus grande crainte qu'aient lesdits habitants de cette ville et qui les meut principalement d'envoyer devers vous, c'est la peur qu'ils ont de sortir hors de vos mains ; et aussi ont peur vos autres villes et gentilshommes de par deçà, lesquels m'importunent ordinairement de vous faire humble requête que là où vous seriez si avant pressé de consentir au rétablissement du duc de Savoie, il vous plaira toutefois réserver par exprès articles les villes et gentilshommes que ferez apparoir être de l'ancienne obéissance de vos prédécesseurs.

Sire, je prie à tant notre Seigneur vous donner en parfaite santé très-bonne et très-longue vie.

De Turin, ce 12° jour de janvier 1537 (1).

Outre les embarras que causèrent à Langey les délais apportés par la cour de France à l'exécution des engagements contractés avec les troupes auxiliaires, il ne s'accorda pas toujours avec le gouverneur général du Piémont : nous voyons dans ses lettres qu'au mois d'août de l'année 1538, il était dans les plus mauvais termes avec lui ; il allait même jusqu'à prier le roi de se prononcer entre eux. La mort de Montejan, qui eut lieu vers la fin de l'année 1538, mit fin à ces différends. Langey revint alors en France. Il était à la cour à la fin de janvier de l'année 1539, comme nous l'apprend une lettre de son ami Sadolet, évêque de Carpentras (2). Sadolet lui demande s'il n'a pas dit aux affaires un dernier adieu, s'il ne va pas jouir enfin d'un repos si bien mérité et consacrer aux lettres

---

(1) Mss. de la Biblioth. nationale, fonds Dupuy, n° 269.

(2) Sadoleti *Opera*, t. I, p. 91. Il y a d'autres lettres de Sadolet à Langey dans le même volume. C'est à Langey que Sadolet a dédié son traité célèbre sur l'éducation des enfants. Enfin un des manuscrits français de la Bibliothèque nationale, num. 2870, contient un poëme latin inédit, intitulé *Silva Langeana*, que l'on croit de Sadolet. Ce bois de Langey était dans la Beauce.

les années qu'il lui reste à vivre. Langey ne songeait aucunement à prendre sa retraite ; il était venu vers le roi, soit pour justifier sa conduite passée, soit pour se concerter sur les éventualités futures avec le successeur de Montejan. Ce fut le maréchal d'Annebault. Dans les premiers mois de l'année 1540, Annebault ayant été mandé par le roi qui venait de fermer au connétable les portes de son conseil privé, Langey remplit en Piémont les fonctions de lieutenant général (1). Ces fonctions allaient devenir aussi difficiles durant la paix, qu'elles avaient pu l'être durant la guerre. Le pays occupé par les troupes françaises avait été ravagé par le marquis Du Guast ; on manquait de vivres et même de grain pour ensemencer les terres. C'est alors que Langey fit demander à son ancien ami André Doria la permission d'introduire des blés français en Piémont par la voie de Savone. Cela lui fut accordé. La récolte avait été fort abondante en Bourgogne ; Langey s'approvisionna dans cette province, paya de ses deniers les grains qu'il reçut de France, et les fit ensuite distribuer aux soldats, aux habitants de tous les villages qui reconnaissaient l'autorité du roi (2).

Les entreprises déloyales du marquis Du Guast devaient encore lui causer d'autres embarras. François ayant envoyé César Frégose et Antoine Rincon à

(1) *Mém. de Martin Du Bellay*, t. IV, p. 384.
(2) *Ibid.*, p. 415 et suiv. — Thevet, au lieu cité.

Constantinople, pour déjouer les intrigues de Charles d'Espagne, ces deux ambassadeurs se rendaient ensemble à Venise, quand ils reçurent une missive de Langey, qui les invitait à ne pas aller au delà de Rivoli. Ils arrivèrent dans cette ville le 1er juillet de l'année 1541. Guillaume s'y rendit le même jour : il leur apprit que tous les passages du Pô étaient gardés par les milices impériales, que s'ils n'allaient pas à Venise par la voie de terre ils devaient tomber dans quelque embûche, et qu'il y avait en un mot tout à craindre du marquis. Frégose, qui était de Gênes, ne voulut pas croire qu'un gentilhomme italien fût capable de commettre, sur la personne de deux ambassadeurs, l'attentat que l'on semblait redouter, et, pour témoigner qu'il n'avait pas confiance dans les espions de Langey, il voulut partir sans délai pour Venise. Ils montèrent sur deux barques équipées à la hâte, et, durant le premier jour de leur voyage, ils ne firent aucune rencontre fâcheuse. Ayant reçu de nouveaux avis, Guillaume s'empressa de leur envoyer un courrier, réclamant d'eux, s'ils s'obstinaient à braver une mort certaine, les papiers du roi, qu'ils ne devaient pas, en de telles circonstances, garder entre leurs mains. Frégose et Rincon remirent leurs instructions et continuèrent leur course téméraire : à quelques milles de l'embouchure du Tésin, ils furent accostés par deux barques ennemies et massacrés (1). Du Guast,

(1) *Mém. de Martin Du Bellay*, t. V, p. 4 et suiv.

accusé d'avoir commis ce crime, se défendit le mieux qu'il put devant les princes de l'Empire assemblés à Ratisbonne : dans une lettre fort remarquable, qui nous a été conservée, Guillaume renversa tout l'échafaudage de ses audacieux démentis, et fit remonter jusqu'à Charles V la responsabilité de l'attentat. Les princes intimidés n'osèrent pas se prononcer entre l'empereur et le roi, et il fallut encore une fois avoir recours aux armes pour obtenir réparation de ce criminel outrage.

Deux armées furent envoyées, l'une dans le Roussillon, l'autre dans la principauté de Luxembourg. Langey n'hésita pas à condamner ce plan d'attaque : il lui semblait plus sage, plus avantageux, de choisir l'Italie pour théâtre de la guerre, et, prévoyant la rupture prochaine de la trêve, il avait déjà pratiqué de mystérieuses intelligences dans le plus grand nombre des places occupées par l'ennemi. Son dessein était de réunir à la Mirandole dix mille hommes de pied, huit cents chevaux et dix pièces d'artillerie, dont il avait fait accepter le commandement à Pierre de Strozzi, de marcher de là sur Crémone, sur Lodi, puis sur Milan, de s'établir dans cette ville, et d'y attendre les Impériaux. Les chefs des grandes familles milanaises ayant témoigné qu'ils étaient bien portés pour la France, cette expédition ne devait être qu'une promenade militaire. Guillaume prenait l'engagement de reconquérir le Milanais en quelques jours (1). François avait d'abord approuvé la conduite et les projets de son lieutenant général en Piémont; mais, quand il fallut agir, il changea de sentiment. On peut croire qu'il eût mieux fait de s'en tenir à ce qu'il avait d'abord résolu : en effet, les succès équivoques obtenus dans le Luxembourg ne compensèrent pas les revers éprouvés dans le Roussillon ; la campagne de 1542 ne fut heureuse qu'en Italie.

Guillaume dirigea d'abord quelques compagnies sur la place de Quieras et se rendit à Carignan avec les Suisses. La ville de Quieras étant prise, la garnison impériale se retira dans le château, et manifesta l'intention de faire bonne défense. Cette fière contenance inquiéta les assiégeants : ils avaient déjà pris le parti d'abandonner la place, quand Guillaume leur fit savoir que, dépourvu de subsistances, le château de Quieras ne tiendrait pas vingt-quatre heures. L'événement vint encore une fois confirmer ses prévisions (2). Les forces du marquis Du Guast étaient bien supérieures à celles que Langey pouvait envoyer à sa rencontre ; mais les Français occupaient à Carignan une position avantageuse. Ayant pris le parti d'attendre en ce lieu la division ennemie, Guillaume fit à la hâte élever un fort pour défendre le passage du fleuve; Du Guast arriva, ne s'attendant pas à une résistance sérieuse ; mais, arrêté par les canons du

---

(1) *Mém. de Martin Du Bellay*, t. V, p. 98 et suiv.
(2) *Ibid.*, t. V, p. 121.

fort, il demeura quinze jours sur l'autre rive du fleuve. Les longs et laborieux services de Guillaume avaient depuis longtemps ruiné sa santé : atteint de paralysie, il ne pouvait prendre part aux combats quotidiens que les troupes françaises livraient à celles du marquis, mais, de son lit de douleur, il dirigeait tous les mouvements des siens et travaillait avec autant de succès que de zèle à jeter la division dans les rangs ennemis. Durant le séjour que Du Guast fit sous les murs de Carignan, Langey parvint à débaucher six mille Italiens qui servaient sous les enseignes impériales ; affaibli par la retraite de ce corps d'armée, Du Guast perdit l'espoir de traverser le fleuve et leva son camp (1). Langey voulait le poursuivre ; mais la légion suisse, qui formait le gros de l'armée française, refusa d'obéir, et cette rébellion le força de gagner Turin en toute hâte. Revenant alors sur ses pas, Du Guast s'empara de Carignan. Cependant ce ne fut pas un succès durable ; Martin Du Bellay vint le chasser de cette ville, tandis que Guillaume forçait diverses places du Montferrat.

Telle était la situation de nos armes en Italie, quand l'amiral Annebault, venant du Roussillon, traversa les Alpes à la tête des vieilles bandes françaises qui avaient déjà franchi tant de fois les gorges du Piémont, et parcouru les plaines désolées du Milanais. Langey pouvait donc enfin prendre quelque repos, et

(1) *Mém. de Martin Du Bellay*, t. V, p. 124.

s'occuper des soins que réclamait son corps épuisé par la fatigue et par la douleur. Avant toutefois de quitter son gouvernement, il crut devoir donner à l'amiral des conseils que celui-ci négligea de suivre. Il partit ensuite pour la France ; mais il mourut dans ce voyage, sur la montagne de Tarare, à Saint-Symphorien, le 9 janvier 1543. On raconte qu'avant de mourir, il fit confidence à quelques amis de ses fâcheux pressentiments sur la situation de nos affaires en Italie. Puisqu'il ne lui était pas permis d'aller porter au roi les conseils de l'expérience dédaignés par Annebault, il avait du moins à cœur de décliner la responsabilité de ce qui pouvait, de ce qui devait advenir (1). Le cardinal Du Bellay, son frère, fit transporter son corps dans la cathédrale du Mans, et lui donna pour sépulture le riche mausolée que l'on admire encore aujourd'hui dans cette église. Sur le socle de ce monument, on lit ces vers :

> Cy gît Langey, qui, de plume et d'épée,
> A surmonté Cicéron et Pompée.

(1) Ce renseignement nous est fourni par Rabelais, qui, attaché à la personne du cardinal Du Bellay, paraît avoir assisté aux derniers moments de Guillaume. Nous lisons au chap. XXI du liv. III de *Pantagruel* : « Les trois et quatre heures avant son décès il employa en paroles vigoureuses, en sens tranquille et serein, nous prédisant ce que depuis part avons vu, part attendons advenir ; combien que pour lors nous semblassent ces prophéties aucunement abhorrentes et étranges, par ne nous apparaître cause, ne signe aucun, présent pronostic de ce qu'il prédisait. »

Il y a eu d'autres épitaphes de Langey, qui n'ont pas été gravées sur la pierre. Nous citerons d'abord celle-ci, dont l'auteur est Clément Marot :

> Arrête toi, lisant;
> Cy dessous est gisant,
> Dont le cœur dolent j'ai,
> Ce renommé Langeai,
> Qui son pareil n'eut pas,
> Et duquel au trépas
> Jettèrent pleurs et larmes
> Les lettres et les armes (1).

Un autre poëte de grand renom, qui se faisait gloire d'appartenir à l'illustre famille des Du Bellay de Glatigny, Joachim Du Bellay, a fait en l'honneur de Guillaume ce distique latin :

> Hic situs est Langeus! ultrà nil quære, viator;
> Nil majus dici, nil potuit brevius.

Salmon Maigret ne pouvait manquer de chanter, après sa mort, un bienfaiteur qu'il avait tant de fois chanté durant sa vie. Il a fait en son honneur une complainte funèbre, ou nénie, qu'il a pris soin d'adresser à Jean Du Bellay (2). Nous trouvons encore,

---

(1) Œuvres de Clément Marot, édit. de 1731, t. II, p. 448.
(2) On ne trouvera pas facilement cette nénie dans les divers recueils de Maigret. Elle est insérée, p. 31, dans le volume qu a pour titre : *Epitome vitæ Domini nostri Jesu Christi.*

à la fin du traité de Robert Lebreton qui a pour titre *De optimo statu reipublicæ*, divers éloges poétiques de Guillaume Du Bellay : l'un est de ce Robert Lebreton (*Rob. Britannus*) ; un autre est de Jean Gelée (*Gelida*) ; un troisième, de Pierre Galland, mérite d'être cité. En voici les premiers vers :

> Flent Epaminondam Thebæ, pompaque necatum
>   Magnifici exornant funeris Hippoclidem ;
> Thesea Cecropidem fortem, rigidumque Solonem
>   Et dubiam laurum qui Salamine refert.
> Publicolas et cum Fabiis Roma alma Camillos,
>   Spartaque quo celebrat funere Thermopylas !
> Langius en fato Gallis præreptus acerbo est,
>   Unica nobilium spesque decusque virûm ;
> Langius ob patriam justis fortissimus armis,
>   Sacrificum exsuperans relligione Numam,
> Langius in Gallis observantissimus æqui,
>   Munifica spargens munera larga manu ;
> Langius, Aonidum robusta columna sororum,
>   Quem coluit Charitum semper amica trias !...

Nous citerons enfin quelques vers français d'un autre poëte alors très-goûté, Charles Fontaine :

> Phœbus et Mars, l'un beau, l'autre puissant,
> Avaient laissé et la harpe et la lance,
> Voyant Langey, hélas ! trop languissant,
> En son corps plein de grâce et d'excellence ;
> Puis, quand la mort le mit en défaillance,
> Incontinent harpe et lance ont repris,

Non pour jouer et user de vaillance,
Mais pour les rompre, en très-grand'déplaisance,
D'âpre regret surmontés et surpris (1).

Ces diverses épitaphes paraîtront à bon droit singulièrement emphatiques. Quoi qu'il en soit, ce n'est certes pas aller au delà de la vérité que de compter Guillaume Du Bellay parmi les hommes les plus distingués de la cour de François Ier. Nous avons raconté sommairement les actes principaux de sa carrière diplomatique, et ce rapide exposé a pu faire comprendre que, de son temps, personne ne connut et ne pratiqua mieux que lui l'art difficile des négociations. En recevant la nouvelle de sa mort, Charles-Quint dit de Guillaume Du Bellay que, « seul, il lui avait fait « plus de mal et déconcerté plus de desseins que « tous les Français ensemble (2) ; » et il n'y a pas lieu de suspecter le témoignage de ce prince, qui mieux que personne savait apprécier ce que vaut un bon négociateur. François eut toujours pour Guillaume Du Bellay de l'affection et de l'estime ; mais il ne lui donna pas dans ses conseils la place à laquelle cet habile homme pouvait prétendre. A la cour de Charles-Quint le crédit de Guillaume Du Bellay n'eût pas été moindre assurément que celui de Nicolas de Granvelle : à la cour de François Ier, l'adresse n'était

---

(1) *Ruisseaux de Fontaine.*
(2) *Mém.* de *Martin Du Bellay*, t. V, p. 138.

pas autant prisée que la vaillance ; ce roi, qui voulait mener à ciel ouvert les entreprises les plus périlleuses, ne prêtait pas toujours l'oreille aux meilleurs conseils, et, tandis qu'il tenait à l'écart de bons serviteurs dont il eût pu mettre à profit la sagesse et l'expérience, souvent il se laissait conduire par des écervelés qui faisaient grand étalage des sentiments les plus chevaleresques. C'est ainsi qu'il fut trompé tant de fois. Empressons-nous d'ajouter que Guillaume Du Bellay, si grande que fût son aptitude pour l'intrigue, n'était pas néanmoins un de ces esprits fermés aux passions généreuses, prudents jusqu'au défaut de courage, égoïstes par tempérament ou par calcul, pour qui le mérite d'ourdir des trames subtiles et de déjouer celles des autres est seul digne d'enlever tous les suffrages, et qui, pour leur part, n'accordent jamais qu'un dédaigneux sourire aux sacrifices héroïques de la vertu. Le récit que nous avons fait de la vie de Guillaume Du Bellay doit donner meilleure opinion de son caractère. On a vu que l'habile négociateur était encore, dans l'occasion, un brave capitaine, et que l'ennemi ne réussissait pas mieux à l'intimider qu'à le surprendre. Il était d'ailleurs très-large, très-grand dans toute sa manière de vivre. Quand il mourut, il avait dépensé tout son avoir jusqu'au dernier écu, et laissait trois cent mille livres de dettes à la charge de sa famille. Il s'était ruiné et avait engagé toute la fortune des siens pour le service de l'état.

Avant même d'aller en Italie, il avait déjà laissé passer aux mains des banquiers de Paris une bonne part de son patrimoine, comme nous l'attestent ses lettres et celles de son frère le cardinal; mais, passionné pour les arts, pour les lettres et pour toutes les magnificences, il avait fait un noble emploi des sommes qu'il avait obtenues des avides prêteurs. Nous traduirons ici quelques vers de Salmon Maigret, où l'on verra qu'il ne s'exprimait pas toujours sur l'état de ses affaires avec autant de tristesse et d'aigreur que dans ses entretiens avec le chancelier ou sa correspondance avec le grand-maître: « Dernièrement, dit Maigret, « je me disais en riant : — Les écus et Guillaume ne « sont pas bien ensemble ; il les prise si peu, qu'il « en fait chaque jour largesse, les jetant à quiconque « lui tend les mains. — Et vous m'avez répondu : « Sot que vous êtes, les écus sont au mieux avec moi, « puisque je les laisse courir où il leur plaît, au lieu « de les tenir, en avare, enfermés dans ma bourse (1). »

Il nous reste à parler des écrits de Guillaume Du Bellay. On n'en trouvera nulle part une liste exacte et complète. Nous aurons donc à corriger des erreurs et à remplir des lacunes.

Le plus important des écrits de Guillaume Du Bellay devait être son histoire du règne de François I*er*, à laquelle il avait donné le nom d'*Ogdoades*. La

---

(1) Salm. Macrini *Odæ*, lib. II.

Croix du Maine distingue les *Ogdoades* d'un autre ouvrage sur lequel il s'exprime en ces termes : « Il a « écrit en latin l'histoire des Français, laquelle il a « depuis traduite en notre langue par le commande- « ment du roi, et traite principalement des choses « advenues durant le règne dudit roi, non impri- « mée. » Mais cette distinction n'est pas fondée : les *Ogdoades* et cette histoire des Français sont, en effet, le même ouvrage. Le témoignage de Martin Du Bellay, frère de Guillaume, est sur ce point très-formel : « Feu mon frère, messire Guillaume Du Bel- « lay..., avait, dit-il, composé sept *Ogdoades* latines, « par lui-même traduites, du commandement du roi, « en notre langue vulgaire, où l'on pouvait voir, « comme en un clair miroir, non-seulement le por- « trait des occurrences de ce siècle, mais une dexté- « rité d'écrire merveilleuse et à lui particulière, selon « les jugements des plus savants (1). » Bayle avait déjà signalé cette erreur de La Croix du Maine (2). Scævole de Sainte-Marthe en a commis une plus grave encore ; il a supposé que les *Ogdoades* contenaient toute l'histoire de France, depuis les premiers âges jusqu'au milieu du XVIe siècle : *Historiam de rebus gallicis ab ipsa imperii origine usque ad sua tempora, tum latine, tum gallice, gravissimo stylo per-*

---

(1) Préface des *Mémoires de Martin Du Bellay.*
(2) *Dictionn. hist. et crit.*, au mot *Guill. Du Bellay.*

secutus est (1). Ce qui a trompé Scævole de Sainte-Marthe, c'est qu'en effet l'auteur dissertait copieusement, dans la première de ses *Ogdoades*, sur les origines gallo-françaises ; mais entre la première et la seconde il y avait la lacune qui sépare l'invasion barbare du règne de François Ier.

Nous parlerons d'abord de la version française des *Ogdoades*. Elle est presque entièrement perdue. Sur les circonstances de cette perte voici le rapport de Martin du Bellay racontant la mort de son frère : « Lui mort à Saint-Saphorin, sur le mont de Tarare, à « son retour d'Italie, ayant en ses coffres ses œuvres, « et lors étant absents monseigneur le cardinal Du « Bellay, son frère, et messire Martin Du Bellay..., « ses livres lui furent dérobés par quelques-uns, « qui veulent, ainsi qu'il est à présupposer, se vêtir, « comme la corneille ésopique, des belles plumes « d'autrui (2). » Si tel a été le dessein des auteurs du vol commis sur le mont de Tarare, ils ne l'ont pas exécuté.

Cependant quelques fragments des *Ogdoades* françaises nous ont été conservés. Au dire de Martin Du Bellay, son frère avait écrit sept *Ogdoades* sur le règne de François Ier. Mais ou ce titre d'*Ogdoades* n'a pas de sens, ou bien il signifie que l'ouvrage de Guil-

---

(1) *Elogia* Scævolæ Sammarthani, p. 16.
(2) Avertissement en tête de l'*Epitome de l'antiquité des Gaules*.

laume devait être composé de huit livres. Il était, en effet, ainsi distribué; mais, ayant communiqué cet ouvrage à quelques-uns de ses amis, Guillaume crut devoir, suivant leurs conseils, en séparer la première *Ogdoade*, parce qu'elle contenait moins une introduction au règne de François Ier qu'un discours tout à fait étranger sur les anciennes migrations des Gaulois et des Francs.

C'est le même discours qui fut publié quelques années après la mort de Guillaume, sous le titre de : *Epitome de l'antiquité des Gaules et de France, avec une préface sur toute son histoire;* Paris, Sertenas, 1556, in-4°, et Paris, Marnef, 1587, in-4°. Voici ce que nous lisons dans la préface de cet *Epitome* : « Lequel abrégé récit, pour ce qu'il semblait à aucuns « de mes amis être aliène en cet endroit et ne servant à « mon propos, j'ai reséqué depuis et totalement ôté. » Guillaume Du Bellay s'exprime lui-même en ces termes : il ajoute qu'il a fait de ce livre « reséqué » une « *Ogdoade* à part. » Ainsi nous avons la première des huit *Ogdoades* françaises, comme cela est prouvé, non par des conjectures plus ou moins graves, précises et concordantes, mais par le témoignage de l'auteur. Le prologue de ce discours historique est digne de remarque ; on y trouve de très-sages vues sur la méthode que doit suivre un historien dans l'exposition des faits. L'*Epitome* n'est qu'un fastidieux assemblage de mille fables sur les origines de la nation française, imaginées par l'auteur du *Roman de Troye*, Benoît de Sainte-More, développées à plaisir par tous les traducteurs, les abréviateurs, les commentateurs de ce roman, et plus tard reproduites, au titre de traditions vénérables, par Jean Nanni de Viterbe aussi bien que par Jean de Tritenheim. On y voit qu'après le déluge Samothès, fils aîné de Japhet, et, ce qui est plus étrange encore, fondateur de la secte des philosophes samothiens, vint s'établir sur le sol des Gaules encore inhabité, et y fut le père d'une nombreuse lignée, souche de la race gauloise ; que les descendants directs de Samothès, de mâle en mâle, furent les huit premiers rois de cette nation nouvelle, et qu'ils occupèrent pendant quatre cents ans le trône fondé par leur père ; qu'un de ces rois, nommé Celtès, eut le premier la fantaisie de marquer les frontières de ses états, et donna le nom de Celtique à son vaste patrimoine ; que Galathée, fille de Celtès, « belle dame à merveilles et de haute « stature, » eut des relations plus ou moins légitimes avec un des fils de Cham, l'illustre Hercule Lybien, et que celui-ci la rendit mère d'un fils nommé Galathès ou Galatheus, auquel la Gaule doit finalement son nom ; que les Gaulois allèrent au siége de Troie prendre parti pour l'Asie contre l'Europe, et qu'après l'incendie de cette ville quelques jeunes Troyens, transportés dans les Gaules par leurs alliés, vinrent fonder, sur les bords de la Seine, une colonie qu'ils appelèrent en grec, « langue dont ils usaient « alors, » *Lutetia*, etc., etc. Il faut sans doute rejeter de telles fables : il faut les placer, avec Fr. Hottmann, au nombre des légendes romanesques, *Amadisicœ fabulœ*, qui compromettent la gravité de l'histoire ; mais faisons remarquer que Du Bellay n'en fut pas l'inventeur, et qu'il n'a pas été le dernier de nos historiens qui les ait narrées avec cette naïveté.

Un autre fragment des *Ogdoades* françaises nous a été conservé. Dans les coffres mal explorés par les voleurs les frères de Guillaume ont, en effet, retrouvé la plus grande partie de la cinquième *Ogdoade*, et Martin l'a publiée dans les *Mémoires* qui portent son nom et celui de Guillaume. C'est un fragment considérable, puisqu'il forme quatre livres des *Mémoires* et sans contredit les plus intéressants ; il commence à l'année 1536 et finit à l'année 1540. A cette portion conservée de la cinquième *Ogdoade* appartiennent plusieurs discours que des bibliographes abusés ont mentionnés séparément, comme des ouvrages distincts et perdus. Ainsi dans l'avis au lecteur qui précède l'*Epitome* il est parlé d'un écrit de Guillaume sur l'expédition de Charles V en Provence, et sur cette indication peu précise La Croix du Maine a cru devoir lui attribuer un livre auquel il a donné ce titre : *Discours du voyage de l'empereur en Provence*. Le P. Lelong a reproduit, dans sa *Bibliothèque*, cette note erronée de La Croix du Maine. Ce *Discours* n'est pas un autre ouvrage que le récit de la campagne de Provence, retrouvé par Martin Du Bellay dans les manuscrits de son frère, et publié par le baron de La Lande comme étant un fragment de la cinquième *Ogdoade*. La première édition des *Mémoires* étant de l'année 1569, et l'*Epitome* ayant été publié dès l'année 1556, l'éditeur de cet opuscule a désigné la portion conservée des *Ogdoades* françaises en disant ce qu'elle contenait de plus important. La Croix du Maine se rend encore coupable de la même inadvertance, quand il indique, au nombre des manuscrits laissés par Guillaume Du Bellay, un *Discours sur les occasions qui remirent le roi et l'empereur en guerre, depuis le traité de Cambray*. Ce *Discours*, qui se trouve, comme le précédent, dans les *Mémoires*, appartient pareillement à la cinquième *Ogdoade*. Il fallait corriger ces mentions inexactes. La plus grande partie des manuscrits de Guillaume est perdue ; cela est très-regrettable : n'ajoutons pas à nos regrets en nous laissant persuader que nous n'avons plus ce qui est dans nos mains.

Mais ce qui vient d'être dit concerne uniquement la rédaction française des *Ogdoades* : d'autres explications doivent être données sur la rédaction latine.

Martin Du Bellay, racontant le vol des manuscrits de son frère, ne nous dit pas que son histoire latine ait été dans ses coffres à l'heure de sa mort et qu'elle ait eu la même fortune que son histoire française. Notre conjecture est qu'en effet les deux histoires ont été du même coup dérobées : cependant il nous reste des parties diverses de l'une et de l'autre. Fevret de Fontette a déjà remarqué que le numéro 6205 de l'ancien fonds du roi, à la Bibliothèque nationale, contient tout le premier livre de la première *Ogdoade* latine, sous ce titre : *Ogdoadis primæ liber primus, sive Vita Francisci primi, Francorum regis, auctore Guillelmo Bellaio, domino de* Langey. Un autre volume de la même bibliothèque, inscrit aujourd'hui sous le numéro 9793, nous offre le même premier livre de la même *Ogdoade*. C'est ce premier chapitre de tout l'ouvrage, dont l'auteur a cru devoir distraire ce qui se rapporte à l'antiquité des Gaules, pour l'amplifier en le traduisant et en faire, comme nous l'avons dit, un ouvrage à part, sous le titre d'*Epitome*. Outre ce premier livre de la première *Ogdoade*, un manuscrit autrefois conservé chez Fevret de Fontette contenait les deux suivants (1). Enfin nous avons eu la bonne fortune de découvrir un exemplaire encore plus complet de cette première *Ogdoade*, commençant à l'année 1515 pour finir à l'année 1521, dans le numéro 5976 de l'ancien fonds latin, à la Bibliothèque nationale. André Du Chesne avait autrefois copié ce volume et se proposait de le publier; nous avons aujourd'hui sa

---

(1) *Bibliothèque historique*, t. II.

copie dans le tome XLVI des *Mélanges de Colbert*. Il n'a malheureusement pas exécuté ce dessein, et l'auteur du Catalogue imprimé des manuscrits du roi a dans la suite, par une mention fautive, fait perdre aux curieux la trace de ce volume. L'ayant donc retrouvé, nous en avons publié des fragments étendus dans le tome XXIII des *Notices et extraits*, deuxième partie, p. 195. Martin Du Bellay n'a pas dit qu'il avait sous les yeux le texte latin de son frère lorsqu'il rédigeait en français les *Mémoires* dont on a retiré tant d'honneur : cependant, s'il l'a souvent développé, plus souvent abrégé, quelquefois il s'est contenté de le traduire. On appréciera combien ce texte est précieux quand il sera mieux connu.

Les écrits de Guillaume Du Bellay qui doivent être distingués de ses *Ogdoades* latines ou françaises n'ont pas la même importance. A la suite de l'*Epitome* nous lisons trois opuscules, qui n'ont aucun rapport avec ce récit poétique de migrations et de conjonctions imaginaires. Le premier a pour titre : *Translation d'une oraison faite en la faveur du roi Jean de Hongrie de la guerre contre le Turc*. Ce plaidoyer en faveur de la dynastie de Jean Zapol est une traduction, et, suivant La Croix du Maine, le traducteur est Guillaume Du Bellay. On ne possède plus le discours original, qui était en latin. Voici le titre de la deuxième pièce qui vient à la suite de l'*Epitome* : *Translation d'une lettre écrite à un Allemand, sur les querelles et les différends d'entre Charles cinquième et François, premier de ce nom.* La lettre latine doit avoir été publiée par Du Bellay vers l'année 1536 ; c'est un des factums qu'il fit alors distribuer dans les états germaniques pour éclairer les esprits mal prévenus : la plupart des faits qui s'y trouvent rapportés sont de cette date. La troisième et dernière pièce jointe à l'*Epitome* par l'éditeur Sertenas est une *Translation des lettres écrites par le très-chrétien roi de France, François, premier de ce nom, aux princes, villes et aux états d'Allemagne*, etc. Ces lettres, ou plutôt cette lettre, dans laquelle François I*er* est mis en scène par son ambassadeur, et proteste avec des phrases sonores contre les calomnies fabriquées par les émissaires de Charles V, est du même temps que la précédente. On croit pouvoir l'attribuer à Guillaume Du Bellay, bien que La Croix du Maine ne favorise pas cette conjecture. La Croix du Maine, parlant de François I*er*, met au compte de ce prince « plusieurs « épîtres françaises, faites latines par mess. Guil- « laume Du Bellay, et plusieurs latines qu'il a mises « en français. » Parlant ensuite de Guillaume Du Bellay, le même bibliographe s'exprime en ces termes: « Il a traduit en bon français plusieurs épîtres, « oraisons, harangues et autres semblables choses, « envoyées par le roi François I*er* aux protestants « d'Allemagne. » Ainsi, selon La Croix du Maine, Guillaume Du Bellay n'aurait fait que traduire la lettre insérée dans l'*Epitome*, et cette lettre serait du roi lui-même ; mais il ne faut jamais beaucoup se fier au témoignage de La Croix du Maine, et la pièce dont il s'agit a moins le ton d'une lettre royale que d'un écrit apologétique, publié, sous le nom du roi, par un de ses zélés serviteurs.

Quelques autres pièces d'un genre peu différent ont été publiées par Martin Du Bellay dans ses *Mémoires*. La première est la lettre écrite en 1533 par Guillaume aux ambassadeurs du roi Ferdinand, en faveur des ducs de Wurtemberg (1) ; la seconde et la troisième sont les deux *Discours* qu'il prononça, la même année, dans la diète d'Augsbourg (2) ; la quatrième, de l'année 1536, est la *Lettre* qu'il fit parvenir aux électeurs de l'Empire qui n'avaient pas voulu l'entendre (3) ; la cinquième est le *Discours* lu devant les électeurs réunis à Ratisbonne, en 1541, concernant l'assassinat des ambassadeurs français par le marquis Du Guast. Ces pièces sont de véritables traités sur diverses questions historiques.

Nous trouvons dans un des recueils manuscrits de la Bibliothèque nationale (4) la copie d'une de ces lettres adressées par Guillaume Du Bellay aux princes de l'Empire, et à la suite de cette copie nous lisons la

---

(1) T. II, p. 318 de l'édit. publiée par l'abbé Lambert.
(2) *Ibid.*, p. 327 et 352.
(3) T. III, p. 261.
(4) Fonds Dupuy, sous le n° 269.

note suivante : « Ladite lettre a été imprimée en latin « et en allemand ; et en allemand une autre plus lon- « gue dont j'ai déjà envoyé le double au roi, et au « bout de laquelle est imprimé un arbre de consan- « guinité des maisons de France, Bourgogne, Milan « et Savoie, depuis le temps du roi Jean et des pre- « miers ducs de Milan. » Il s'agit ici d'un écrit de Guillaume Du Bellay, que La Croix du Maine et Fevret de Fontette indiquent sous ce titre : *Lettre d'un serviteur du roi à un secrétaire allemand, sur les différends entre le roi et l'empereur*; Paris, Sertenas, 1546, in-8°. Ce qui nous le prouve, c'est que Fevret de Fontette nous désigne une autre édition du même opuscule intitulée : *Double d'une lettre écrite par un serviteur du roi*, etc., *et au bout d'icelle est ajouté un arbre de consanguinité d'entre les maisons de France, Autriche, Bourgogne, Milan et Savoie ;* Paris, in-8°, sans date. Cette lettre a donc été imprimée en allemand et en français. Nous n'avons pu nous procurer un seul exemplaire des deux éditions désignées par Fevret de Fontette, et vérifier si cette *Lettre d'un serviteur du roi à un secrétaire allemand*, publiée par Sertenas en 1546, ne serait pas la *Lettre à un Allemand* insérée dans l'*Epitome* par le même éditeur en l'année 1556. La Croix du Maine et Fevret de Fontette nous donnent ces deux lettres comme distinctes l'une de l'autre.

Il n'a été publié que trois lettres missives de Guillaume Du Bellay : l'une, adressée à Mélanchton, a été citée par Seckendorff dans sa polémique contre le P. Maimbourg; les deux autres, extraites par Le Grand des manuscrits de Béthune, ont été insérées parmi les *Preuves de l'histoire du divorce*. Ses lettres inédites sont très-nombreuses. Nous désignerons les recueils de la Bibliothèque nationale qui contiennent les plus importantes. De ces recueils celui qui nous en offre le plus appartient à la collection Dupuy et porte le n° 269; il s'y trouve environ trente-cinq lettres originales de Guillaume Du Bellay, adressées au roi, au maréchal de Montmorency et au cardinal Du Bellay. On ne peut toutes les lire, car la plupart de celles qui portent l'adresse du cardinal sont intégralement ou partiellement écrites en chiffres. Ces lettres sont des années 1536, 1537 et 1538; on y voit le détail des négociations suivies par G. Du Bellay avec les princes allemands, et ses embarras financiers dans le Piémont. Un manuscrit provenant de la bibliothèque Coislin, inscrit sous le n° 1832 de Saint-Germain, contient des copies du plus grand nombre de ces lettres.

Cinq manuscrits du fonds de Béthune, qui portent aujourd'hui les n°s 2977, 2986, 3020, 3079 et 3080 dans le fonds français de la Bibliothèque nationale, renferment encore diverses lettres originales de Guillaume Du Bellay, adressées au roi, au sieur de Villandry et au grand-maître de Montmorency. On en lit douze dans le n° 3079, et neuf dans le n° 3080. Elles ne sont pas de la même date que celles de la collection Dupuy, mais des années 1530, 1531, 1532, et concernent, pour la plupart, l'ambassade en Angleterre près de Henri VIII. Nous désignerons encore, parmi les volumes du même fonds, les n°ˢ 9748, 9, 10, 11 et 12, provenant de Delamarre. Deux de ces lettres ont été imprimées dans les *Preuves de l'histoire du divorce*, par Le Grand.

Voici maintenant toute une série d'ouvrages historiques attribués par La Croix du Maine à Guillaume Du Bellay, sur lesquels nous n'avons guère d'autres renseignements que ceux qui nous sont fournis par ce bibliographe. 1° *Les Dits, faits et choses mémorables de la Gaule et de la France;* ouvrage inédit et perdu. — 2° *Recueil ou vocabulaire par ordre d'A B C de toutes les provinces, cités, villes, châteaux, montagnes, vallées*, etc., etc. Suivant Du Verdier, Guillaume Du Bellay avait formé le projet de ce *Vocabulaire*, mais il ne l'a pas exécuté. — 3° *Recueil d'exemples des dits et faits mémorables des Français.* — 4° *La conférence et comparaison des vies et gestes d'aucuns rois, princes et capitaines avec celles d'aucuns autres gens;* œuvre achevée, mais inédite, suivant La Croix du Maine ; œuvre inachevée selon Du Verdier : « A quoi, dit en effet Du Verdier, « il avait déjà bien travaillé et avancé; mais, prévenu « de mort, l'œuvre est restée imparfaite, et, qui pis est,

« en ont été perdus les fragments. » — 5° *Epître au roi François premier du nom, lorsqu'il était prisonnier en Espagne.* — 6° *Epître à madame la duchesse, sœur de François I*er. Ces deux dernières lettres se trouvaient, au témoignage de La Croix du Maine, dans le cabinet de René Du Bellay, baron de La Lande. Il veut sans doute parler des brouillons. Ces lettres paraissent avoir été perdues.

Les renseignements fournis par La Croix du Maine ne méritent pas ordinairement une entière confiance, et il faut toujours contrôler, quand cela est possible, ceux de Du Verdier. Du Verdier compte parmi les ouvrages de Guillaume Du Bellay des *Instructions sur le fait de la guerre, extraites des livres de Polybe, Frontin, Végèce, Cormazan, Machiavel*, qui furent publiées à Paris, in-4° et in-8°, par Vascosan, en 1553 ; à Lyon, en 1592, in-8°, et traduites en italien par Mambrino Roseo, sous ce titre : *Della disciplina militare libri tre;* Venise, Borelli, 1571, in-8°. Il suit Brantôme qui parle en ces termes de cet ouvrage :
« Le livre qu'a fait M. de Langey sur l'art militaire
« le fait connaître autrement capitaine que ne fait
« Machiavel, qui est un grand abus de cet homme qui
« ne savait ce que c'était de guerre, etc. » Du Verdier et Brantôme se sont trompés : les *Instructions sur le fait de la guerre* ne sont pas de Guillaume Du Bellay ; mais c'est Vascosan qui les a lui-même induits en erreur en publiant ces *Instructions* sous le nom de

Guillaume Du Bellay. L'auteur du livre nous apprend qu'en l'année 1528, étant simple gendarme dans la compagnie du sieur de Nègrepelisse, il servit en Italie sous le commandement de Lautrec; il ajoute qu'en 1536, capitaine d'une seule bande de gens de pied, il reçut l'ordre d'assister le sieur de Robertval, qui avait été chargé d'occuper le défilé de Saint-Martin de Lucerne. Rien de cela ne se rapporte à Guillaume Du Bellay, qui, dès l'année 1528, occupait une haute position dans les conseils du roi, et qui remplissait, en l'année 1536, les fonctions d'ambassadeur près des états d'Allemagne. Selon La Croix du Maine, en l'année 1584, ces *Instructions sur le fait de la guerre*, publiées sous le nom de Guillaume Du Bellay, étaient attribuées « par aucuns » au connétable Anne de Montmorency; mais cette attribution est encore moins fondée que toute autre, le connétable n'ayant jamais eu la moindre connaissance ni de la langue de Polybe, ni de celle de Vegèce. Dans ses *Vies de plusieurs capitaines français*, publiées en 1643, le baron Pavie de Forquevaulx a réclamé les *Instructions sur le fait de la guerre* pour un de ses proches, Rémond de Forquevaulx, de l'antique famille des Beccaria de Pavie. Le gendarme de la compagnie du sieur de Nègrepelisse, le capitaine chargé d'occuper, en 1536, le val de Saint-Martin, est bien, en effet, ce Rémond de Forquevaulx, et si le manuscrit de ses *Instructions* fut trouvé dans les papiers de Guillaume

Du Bellay, c'est qu'étant de ses amis il lui avait demandé sur cet ouvrage un avis et des conseils. Bayle ayant reproduit cette réclamation du baron Pavie de Forquevaulx, et l'ayant jugée, ce qu'elle est en effet, bien fondée, on ne s'explique pas comment MM. Peignot (1) et Beuchot (2) ont pu mettre de nouveau les *Instructions sur le fait de la guerre* au nombre des ouvrages laissés par Guillaume Du Bellay.

Quelques mots maintenant sur ses œuvres poétiques. La Croix du Maine lui attribue plusieurs *Dialogues, Epigrammes, Elégies, Sylves, Epîtres*, sur les événements contemporains : ces poëmes ne sont pas parvenus jusqu'à nous. Nous ne connaissons pas non plus les *Poésies françaises, amoureuses et autres*, qu'il composa, dit-on, dans sa jeunesse. Nous n'avons de Guillaume Du Bellay d'autres vers que ceux qu'il fit publier, chez Gilles de Gourmont, in-4°, sans date, sous ce titre : *Peregrinatio humana; item de beatœ Virginis Mariœ nativitate Elegia*, etc., etc., et qu'il appelle lui-même, dans sa dédicace à Louis de Bourbon, les prémices de son petit esprit, *ingenioli mei primitias*. Le poëme qui a pour titre *Peregrinatio humana* est le plus considérable de tous ceux que contient le volume. On y trouve des vers bien tournés, mais un plus grand nombre de médiocres. Le passage le plus remarquable de cette complainte en trois

(1) *Dictionnaire historique.*
(2) *Biographie universelle.*

chants sur la destinée humaine est le récit des infortunes de saint Eustache et de ses enfants. Du Bellay raconte encore plusieurs autres de ces légendes, comme, par exemple, celle de Théophile, si célèbre dans le moyen âge :

> Theophilus summos quum forte ambiret honores,
> Omine se magicas lævo convertit ad artes,
> Catholicamque miser legem sanctumque negavit,
> Chrisma ; sed, optatum provectus ad usque cacumen,
> Infandum novit facinus scelerisque poposcit
> Patrati veniam. Tum deliquisse fatenti
> Omnipotens Christus, genitrice precante, pepercit.

Cette citation, si courte qu'elle soit, suffit pour faire comprendre que si Guillaume Du Bellay a bien mérité la renommée d'un habile diplomate, d'un orateur éloquent et d'un historien recommandable, on doit le placer, parmi les poëtes, au rang le plus humble.

DU BELLAY (JEAN).

Jean DU BELLAY, né au château de Glatigny vers l'année 1492, frère puîné de Guillaume, entra dans les ordres moins pour obéir à une vocation secrète que pour se conformer à l'usage. C'était un homme fier, impétueux, remuant, qui eût mieux porté l'épée que la crosse épiscopale ; mais il devait céder à son frère aîné le droit et l'honneur de représenter dans les camps la noble race des Du Bellay. Pour lui, quand il eut achevé ses premières études, quand il eut appris des grammairiens, des rhéteurs et des poëtes anciens tout ce qu'ils pouvaient lui apprendre, et des théologiens modernes tout ce qu'ils ne pouvaient le laisser ignorer, il partit pour Orléans, allant y suivre les leçons de droit romain d'Arnoul Rusé (1). Arrivant ensuite à la cour avec l'habit ecclésiastique, jeune, bien appris et jaloux de parvenir, Jean Du Bellay fut bientôt dans les bonnes grâces de François Ier, et son frère osa réclamer pour lui, dès l'abord, un des plus hauts emplois de l'église. Il avait si peu d'inclination pour le sacerdoce, son naturel ardent protestait avec tant d'énergie contre la rigueur des vœux ecclésiastiques, qu'il était bien difficile d'obtenir de lui, dans une cour aussi relâchée, le simple respect des convenances. Mais, depuis que les rois nommaient aux évêchés, la plupart des anciennes règles étaient tombées en désuétude, et, par exemple, on n'exigeait plus d'un candidat aux fonctions épiscopales que la régularité constante de ses mœurs fût at-

---

(1) C'est ce que rappelle Philippe Bienne, *Philippus Probus*, dans la dédicace du traité d'Arnoul Rusé, *De sublimi archipræsulum statu.*

testée par la voix du peuple et par celle des clercs. Quelle que fût donc la frivolité de ses goûts, quelle que fût l'irrégularité de ses habitudes, Jean Du Bellay fut, en l'année 1526, placé par le roi sur le siége épiscopal de Bayonne (1). Personne n'étant moins disposé que ce gentilhomme à subir la contrainte des prescriptions canoniques, il accepta volontiers tous les priviléges, mais non pas toutes les obligations du ministère épiscopal ; pour ce qui regarde la résidence, il ne quitta pas la cour, et, suivant la coutume des prélats de bonne maison, il employa les revenus de son évêché à faire noble figure dans les antichambres de Fontainebleau.

Au mois de septembre 1527, Anne de Montmorency, Jean Brinon, premier président du parlement de Normandie, d'Humières et le nouvel évêque de Bayonne furent envoyés ambassadeurs en Angleterre. Leurs lettres de créance sont du 25 septembre (2); au mois d'octobre ils étaient rendus à Londres. On se demande quelle mission allait remplir un évêque à la cour d'Henri VIII, dans le temps où ce prince, s'éloignant chaque jour davantage de sa femme, Catherine d'Aragon, parlait déjà, même en public, d'élever jusqu'au trône la fille d'une de ses premières maî-

---

(1) *Gallia christiana*, t. I, col. 1320.
(2) Ces lettres se trouvent aux manuscrits de la Bibliothèque nationale, dans le Ms. de Béthune qui porte le n° 8506, et dans les *Preuves de l'histoire du divorce*, de Le Grand, p. 13.

tresses, sa propre fille peut-être, qui, par son libertinage précoce, avait acquis, sur les deux rives de la Manche, la plus triste célébrité. Nullement scrupuleux, très-peu dévot, encore moins évêque, Jean Du Bellay se rendait à la cour d'Henri VIII, prêt à tout dire, à tout faire, suivant les circonstances, pour maintenir le bon accord entre les deux rois unis contre Charles V. En vue de cette fin devait-il, dès l'abord, ou bientôt après, se déclarer contre l'épouse et pour la maîtresse, approuver un scandaleux divorce et prêter les mains à un mariage qui ne pouvait l'être moins? A tous les ordres qui lui seraient donnés par le roi son maître il devait simplement obéir et sans hésiter. Anne de Montmorency, grand-maître de la maison du roi, ne séjourna pas longtemps en Angleterre, et, après son départ, Jean Du Bellay devint le chef de l'ambassade. Dès lors il envoya de Londres les rapports les plus étendus, les plus curieux, sur l'état des affaires. La première lettre de Jean Du Bellay au grand-maître de Montmorency est du 2 janvier 1528.

Le style de ces lettres n'est pas banal. Sur les choses les plus graves Du Bellay s'exprime avec la légèreté de son caractère. Il aime écrire, il écrit avec abondance, et jamais il ne se laisse effaroucher par un mot plaisant que l'improvisation lui suggère. Pourquoi, d'ailleurs, adressant au grand-maître, jeune comme lui, des lettres qui doivent être transmises à François, à Marguerite, jeunes comme eux, pourquoi se serait-il défendu de dire son avis sur toutes choses avec l'entrain et la belle humeur de la jeunesse ?

Il y a, toutefois, une question que Jean Du Bellay n'aborde jamais sur le ton de l'enjouement : c'est la question de ses gages. On devait lui compter quinze livres par jour (1). C'était bien peu pour un ambassadeur magnifique, dont la maison somptueusement hospitalière était constamment ouverte à tous les Français, à tous les étrangers ; qui ne dépensait pas moins de quatre cents écus par mois en vins choisis (2), qui jouait volontiers avec les plus riches seigneurs de la cour d'Angleterre, et qui avait pour créanciers des Florentins, des Génevois les plus avides des prêteurs : cependant, après six mois passés à Londres, il n'avait encore rien touché de ses gages ; ce qui le désespérait. A ses premières plaintes on avait répondu qu'il pouvait, qu'il devait attendre, le roi l'ayant par précaution pourvu d'un évêché. On sait que, pour subvenir aux dépenses de sa cour, de son gouvernement, François Ier, dans la pitoyable situation du trésor public, avait converti le plus grand nombre des charges ecclésiastiques en autant de sinécures, dont il attribuait les revenus à ses ministres, à ses ambassadeurs, clercs ou laïques, et même à ses poètes, à ses courtisans ; mais comme les deniers des bénéficiaires devaient d'abord passer par les mains de leurs sup-

(1) Lettre du 27 novembre 1528, dans Le Grand.
(2) Lettre du 21 juillet 1528, dans Le Grand.

pléants, de leurs économes et de leurs banquiers, ils n'en recevaient, cela va sans dire, qu'une très-faible part. Trop souvent importuné par ses créanciers, Du Bellay n'avait pas été sans se rappeler qu'avant de l'envoyer à Londres le roi l'avait fait évêque de Bayonne : mais vainement alors il réclamait, sur le ton le plus impérieux, l'excédant de recette qui devait se trouver dans la caisse épiscopale ; il était loin, on feignait de n'avoir pas entendu ses cris de détresse, ou bien, comme il nous le raconte, on le payait « en « belles gambades. » Les jours succédant aux jours et les mois aux mois, sans que personne eût égard à ses pressantes remontrances, Du Bellay demanda son rappel. On trouva peu convenable sans doute qu'un évêque fît tant de bruit à propos d'écus, et sa demande fut mal accueillie : « Par Dieu de paradis !
« Monseigneur, écrivait-il le 8 juin au grand-maître,
« si je n'ai mon congé, je m'en irai sans l'avoir, et
« qui me voudra fouetter n'étant point mon maître
« trouvera que je crains moins cent morts qu'une
« honte. Si Job était en ma place, il n'aurait tant at-
« tendu à perdre patience... Monseigneur, jamais
« homme mis en mon lieu ne fut traité de la sorte :
« qui est chose dont assez ne me puis ébahir, vû qu'en
« avez fait cent fois plus que ne vous eusse osé re-
« quérir. Ores je m'en irai prier Dieu pour vous en
« mon ermitage et vous dresser un vol pour les
« champs, car avec moi j'emporterai des lannerets ;

« et qui plus m'y retrouvera, qu'on me fouette et
« qu'on me pende. » Voilà le style ordinaire de notre
prélat diplomate.

Quelques jours après, il écrivait au même grand-maître : « Une des filles de chambre de Mlle de Bou-
« lan se trouva mardi atteinte de la suée. A grand'hâte
« le roi délogea et alla à douze milles d'ici, et m'a-t-on
« dit que la demoiselle fut envoyée pour le suspect
« au vicomte son père qui est en Cainet (1). Jusques
« ici, Monseigneur, l'amour n'a point pris diminu-
« tion. Je ne sais si l'absence, avec les difficultés de
« Rome, pourrait engendrer quelque chose. Ce mal
« de suée dont je parle, c'est, Monseigneur, une mala-
« die qui est survenue ici depuis quatre jours, la plus
« aisée du monde pour mourir. On a un peu de mal de
« tête et de cœur ; soudain on se met à suer : il ne faut
« point de médecin, car qui se découvre le moins du
« monde ou qui se couvre un peu trop, en quatre heu-
« res, aucunes fois en deux ou trois, on est dépêché
« sans languir... Hier, étant allés pour jurer la trêve,
« on les voyait drus comme mouches se jeter des rues
« et des boutiques dedans les maisons, et prendre la
« suée incontinent que le mal les prenait. Je trouvai
« l'ambassadeur de Milan sortant à grand'hâte de son
« logis, pour ce que deux ou trois soudainement en
« étaient pris. S'il faudra, Monseigneur, que tous les
« ambassadeurs en aient leur part, au moins, en mon

(1) Le pays de Kent.

« endroit, n'aurez-vous pas gagné votre cause, car
« vous ne pourrez vous vanter que m'ayez fait mou-
« rir de faim ; et davantage le roi aura gagné neuf
« mois de mon service qui ne lui auront rien coûté ;
« ce ne lui aura été fait peu de profit. Par Dieu de
« paradis ! Monseigneur, quand la suée et la suerie
« me viendra voir, et qu'il me faudra passer la car-
« rière et la suée, je n'y aurai pas si grand regret
« que ceux qui sont plus à leur aise que moi. Mais
« Dieu les y maintienne (1) ! » On voit ici que, dès
le mois de juin de l'année 1528, Jean Du Bellay
n'avait plus guère confiance dans la cause de Catherine d'Aragon, mais que cette cause perdue le touchait peu, moins que la suette, moins que l'état de ses finances.

Enfin il obtint un faible secours, mille écus. Les ayant reçus, il écrivit le 20 juin au grand-maître pour lui témoigner sa reconnaissance : « Monseigneur, vous
« m'écrivez qu'on aura regard à ma dépense suivant
« les remontrances que M. de Morette en a faites.
« Je vous assure que je ne le fais pour mon plaisir,
« et ceux qui me connaissent savent bien que mon
« naturel ne m'y porte pas. Ledit Morette, Monsei-
« gneur, m'écrit que le roi vous a dit, en sa présence,
« que m'en fissiez hausser l'état et que Madame le

---

(1) **Mélanges de Clairambault**, t. XL, p. 1281. — Le Grand, *Preuves de l'histoire du divorce.*

« trouve très-bon ; dont je tiens la chose pour faite,
« et au demeurant vous mercie humblement de ce
« que, au retour dudit Morette, m'avez fait, comme
« il m'a écrit, délivrer les benoîts mille écus qui à la
« fin m'avaient été ordonnés d'être délivrés il y a près
« de trois mois. Je ne sais pas en quoi je pusse avoir
« offensé ceux qui en ont la charge et qui me bail-
« lent telles bastonnades. Il y a un Génevois qui
« présentement a été atteint de sutin. S'il meurt, j'en
« suis à plus de mille cinq cents écus envers lui. Je
« vous assure, Monseigneur, que, devant qu'il soit
« demain midi, on me réveillera bien ; mais à quel-
« que chose malheur est bon ; je fais tenir ma porte
« serrée, disant que M. le légat ne veut pas laisser
« entrer homme de la ville, de peur que prenne le
« danger et le lui porte (1). » Ainsi les mille écus
étaient bien loin de suffire au payement de ses dettes,
et, pour se garer des requêtes de ses créanciers, l'ambassadeur français avait recours à une de ces four-
beries effrontées que les Scapins se permettent seuls
dans les pièces comiques.

Pour surcroît d'ennuis, il fut atteint par le mal
régnant. Nous lisons dans une lettre du 21 juillet :
« Quant au danger, Monseigneur, qui est en ce
« pays, il commence à diminuer deçà et à augmenter
« ès lieux où il n'avait été. En Cainet est à cette

---

(1) Mélanges de Clairambault, t. XL, p. 1292.

« heure fort. Mlle de Boulan et son père ont sué,
« mais sont échappés. Le jour que je suai, chez
« M. de Cantorbéry en mourut dix-huit en quatre
« heures ; ce jour-là ne s'en sauva guères que moi, qui
« n'en suis pas encore bien ferme. Le roi s'est éloi-
« gné plus qu'il n'était et espère qu'il n'aura nul mal :
« toutefois il se tient encore fort sur ses gardes, et
« tous les jours se confesse, et reçoit notre Seigneur
« toutes les fêtes, et la reine pareillement, qui est
« avec lui. Aussi fait M. le légat de son côté (1). »
La fin de cette lettre contient encore une très-vive
requête, et c'est toujours de l'argent que demande
l'ambassadeur de plus en plus endetté. Son crédit est,
dit-il, tout à fait compromis ; il faut qu'il le « rha-
« bille un peu, » et qu'il se remette en pouvoir de con-
tracter de nouvelles dettes : autrement il ne restera
pas à son poste et reviendra furtivement en France,
misérable et déshonoré.

Nous n'avons pas les réponses du grand-maître à
ces vives requêtes. Il faisait sans doute de belles promesses, peut-être avec l'intention de les tenir ; mais,
dans l'état des finances publiques, il ne les tenait pas.
Quelquefois, ayant épuisé près de lui et en pure perte
toute la rhétorique des instances, des menaces, Du
Bellay s'adressait au chancelier, aux secrétaires du
chancelier, du grand-maître, les conjurant d'inter-

---

(1) Mélanges de Clairambault, t. XL, p. 1373.

venir en sa faveur. Ainsi, le 29 novembre, il écrivait à l'élu Berthereau : « Je vous promets, sur mon Dieu, « que, depuis la peste, il m'a coûté, en argent comp-« tant que au jeu, y étant forcé par ces seigneurs « d'avec lesquels, chez eux ou chez moi, je ne bouge « nuit et jour, que en autres choses, plus de 3,500 « bons écus. Il y a plus de deux mois que M. le chan-« celier dit à mon homme l'en sollicitant qu'il ne l'en « pressât plus, et qu'il s'en était de sa part remis à « ce qu'en ordonnerait M. le grand-maître. Je ne « sais comment il entend que j'en fasse. Je sais bien « qu'il vous dira : Qui vous fait jouer? On verra « par ci-après si un autre fera mieux. Je n'en dirai « autre pour cette heure... Je ne demande sinon « mon ordinaire. L'ayant et m'en plaignant qu'on me « tance (1). » De même, le 22 avril 1529, il écrivait à La Pommeraye, un des secrétaires du grand-maître: « Vous direz que je n'ai pas cru votre conseil et que « je ne suis bon ménager. Il en pourra venir tel qui « le sera aisément bon, car on ne lui fera pas « presse... Je vois que je ne puis porter ce faix, et « qu'être agréable aux maîtres, qui est ce que je puis « désirer pour ma charge, me vient à rebours : je « m'en trouve en tel état que je voudrais à mon hon-« neur être en Jérusalem sans croix ne sans pile; et « par Dieu! (si je le puis sans offenser Dieu souhai-

---

(1) Mélanges de Clairambault, t. XXIV, p. 2274.

« ter) je voudrais être où je serai d'ici à cent ans (1). »
L'année 1528 finit sans que Jean Du Bellay vît exaucer l'un de ses vœux : il ne fut ni payé, ni rappelé.

Ses doléances recommencèrent l'année suivante. Le 26 avril 1529, il écrivait au grand-maître : « Je « m'en vais tenir quelque temps à un mille d'ici pour « le suspect de peste autour de mon logis ; non pas « pour grand'crainte que j'aie de mourir, car votre « seigneurie me soit témoin que, en la fâcherie « extrême où je suis, je prendrais la mort à plaisir, « quand je vois que je n'ai repos ne relâche à faire le « mieux que je puis, et que, pour toute récompense, « me faille être bélître importun et fâcheux à ceux » où je ne le voudrais être. Si depuis que le monde « est fait je savais qu'autre que moi eût été traité de la « sorte, cela me donnerait patience (2). » Vers le même temps, à sa prière, son frère Guillaume faisait parvenir au grand-maître une plus solennelle requête (3).

---

(1) Mélanges de Clairambault, t. XL.
(2) *Ibid.*, t. XLI, p. 2113.
(3) Nous empruntons le passage à une lettre de Guillaume au grand-maître, du 13 juillet 1529 :

« Monseigneur,

« J'ai reçu présentement une lettre de mon frère, laquelle je vous envoie, et avec icelle en avait une adressante à moi, contenant en substance la dépense insupportable qu'il lui convient faire en Angleterre, pour laquelle, nonobstant ce que je lui ai mandé par votre commandement d'y demeurer, il dit encore être contraint à demander son congé, ou qu'il lui soit pourvu

Ne voulait-on pas le croire lui-même parlant de sa détresse ? Fallait-il qu'elle fût attestée, prouvée

de moyen de vivre et s'entretenir. Il n'est rien plus vrai, Monseigneur, que alors de son partement il était encore en arrière de plus de deux mille écus, tant pour les vacants et dépêches de ses bulles comme pour un privilége de pouvoir être élu, lequel il avait obtenu à Rome. Et cette charge n'est le moyen de l'acquitter. Vous savez, Monseigneur, qu'il lui fut ordonné trois mille quatre cents livres à cette mi-carême passée ; lesquelles furent depuis réduites à mille écus et de mille écus à deux mille livres, dont il n'est encore pas payé, et n'a été possible d'en fournir tant soit peu à son principal créditeur, car il a été forcé d'en satisfaire à quelques pauvres marchands qui par delà lui avaient fourni l'un tant, l'autre deux cents écus à rendre ici, qui était tout leur bien ; aussi à quelques étudiants anglais à Orléans, pour qui les pères le lui avaient baillé en Angleterre. Ces jours passés il avait plu à Madame, en attendant qu'on lui fît délivrer le reste de ce qui lui est dû, et quelque peu de fonds pour l'avenir et principalement pour la dépêche des postes et frais extraordinaires, commander à M. le chancelier qu'on lui envoyât douze cents ou mille écus comptant, laquelle somme j'espérais faire délivrer à Richard d'Elbène à Paris, en déduction de ce qui lui est dû, et crois que M. le premier président vous en ait écrit : toutefois M. le chancelier les a réduits à cinq cents, qui n'est le tiers de ce qu'il doit à un homme seul.

« Je vous supplie, Monseigneur, d'autant qu'il n'est possible qu'il puisse faire service au roi sans être aidé, vouloir être moyen que aide lui soit faite, ou que son congé lui soit donné pour ce peu de temps qu'il se pourra acquitter et faire quelque fond, lequel, avec sa personne, il sera toujours prêt d'exposer au service du roi, ainsi qu'il est tenu. Vous pouvez penser, Monseigneur, que ce qu'il a jusques ici emprunté n'est sans intérêts, et si les intérêts courent guerre sur lui, et qu'il soit contraint, ainsi que j'ai été, de convertir les intérêts en principal, la somme ne mettra pas longtemps à doubler et redoubler sans qu'il en vienne un sol en sa bourse, ni en dépense pour le service du maître. » (Biblioth. Nat., Mss. franç., n° 3078.)

par son frère, plus âgé, plus grave que lui, qui jouissait à la cour d'une plus grande autorité? Cette preuve fournie, l'argent ne vint pas davantage et Jean Du Bellay ne reçut du grand-maître une promesse de prochain rappel que vers les premiers jours du mois de novembre.

Nous le voyons rentrer en France au mois de janvier de l'année 1530, et se rendre immédiatement à la cour. Il est à Moulins le 26 février (1), le 2 mars à Gien (2), et le 6 à Blois (3). Le roi lui fait très-bon accueil et le retient près de lui. Le palais de Blois est plein d'ambassadeurs étrangers, et Jean du Bellay, qui connaît toutes les affaires pendantes, qui a la parole facile et l'esprit délié, doit beaucoup contribuer à l'heureuse solution de ces affaires. Presque tous les jours la reine-mère et le roi s'entretiennent avec lui, le consultent et le conseillent ; il assiste même aux colloques officiels, où ses avis sont écoutés. Le roi lui fait toujours espérer, comme récompense de ses services, non pas l'arriéré de ses gages, car l'argent manque toujours, mais quelque évêché plus riche que celui de Bayonne. Les postulants étant nombreux et les vacances rares, les promesses royales demeurent sans effet : cependant il n'y a plus ni plaintes, ni menaces, dans les fréquentes lettres qui sont envoyées au

---

(1) Mélanges de Clairambault, t. XLIII, p. 3201.
(2) *Ibid.*, p. 3223.
(3) *Ibid.*, p. 3243.

grand-maître par Jean Du Bellay ; la vie désœuvrée qu'il vit dans cette cour brillante lui plaît assez pour le rendre patient : « Quant à moi, écrit-il au grand-
« maître le 18 mars, je roule avec les autres, et du
« maître et maîtresse meilleur visage ne saurais
« demander. On m'emploie le moins qu'on peut : je
« m'en soucie le moins qu'il est possible ; mais il ne
« meurt évêque, ne rien. Que voulez-vous que je
« vous en fasse (1) ? » De Blois Jean Du Bellay se rend, suivant la cour, à Lusignan, à Angoulême (2). Après le 15 mai le roi le charge d'aller à Chantilly raconter au grand-maître tout le détail de ce qui s'est dit et fait dans les conférences de Blois (3). Avant le 6 juin il est revenu près du roi (4), qui se rend à Bordeaux. Enfin, le 15 août, on le retrouve à Paris.

Ses lettres conservées ne parlent pas de la part qu'il prit en ce temps-là, comme l'attestent, après Galland (5), tous les historiens, à la fondation célèbre du Collége royal. Ce n'est pas lui qui conçut le dessein de cette fondation ; mais, plein de zèle pour tout ce qui pouvait contribuer à la gloire des lettres françaises, il appuya de son influence les démarches déjà faites

---

(1) Mélanges de Clairambault, t. XLIII, p. 3335.
(2) Ibid., p. 4007, 4147, 4193.
(3) Ibid., p. 4071, 4213.
(4) Ibid., p. 4303.
(5) Vita Castellani, p. 49.

par Guillaume Budée, et ils obtinrent enfin l'un et l'autre les lettres patentes qui constituèrent le Collége royal, en l'année 1530.

Vers le mois de juin de l'année 1532, Jean Du Bellay retournait en Angleterre avec son frère Guillaume. Ils allaient tout préparer pour l'entrevue de Calais. Une lettre de l'évêque de Bayonne, du 22 juillet 1532, contient les plus intéressants détails sur cette négociation. Nous lisons dans cette lettre, qui est à l'adresse de Montmorency : « Monseigneur, je « sais véritablement et de bon lieu que le plus grand « plaisir que le roi pourrait faire au roi son frère et « à madame Anne, c'est que ledit seigneur m'écrive « que le requiert le roi son dit frère qu'il veuille « mener ladite dame Anne avec lui à Calais, pour « la voir et pour la festoyer, afin qu'ils ne demeurent « ensemble sans compagnie de dames, pour ce que « les bonnes chères en sont toujours meilleures... « Quant à la reine, pour rien ce roi ne voudrait « qu'elle vînt. Il hait cet habillement à l'espagnole « tant qu'il lui semble voir un diable. » Ainsi, même avant la célébration de son mariage secret avec Anne de Boleyn, Henri VIII désirait la présenter à François Ier dans une circonstance solennelle, et il avait chargé l'évêque de Bayonne de confier discrètement ce désir à la cour de France. On voit, du reste, que celui-ci était homme à remplir, sans aucun trouble de conscience, l'étrange commission qui lui avait été

donnée. Il n'était pas seulement l'ami du roi d'Angleterre, il était encore un des familliers de sa maîtresse. Il faut l'entendre raconter, avec son abandon habituel, de quelles faveurs l'honorait, à Londres, ce couple abhorré par l'église et par le peuple d'Angleterre :
« Il me semble, ajoute-t-il, que je ne serais un homme
« de bien, si je vous célais la bonne chère que ce
« roi et toute la compagnie m'a faite et privauté
« dont il use envers moi. Tout le long du jour je suis
« seul avec lui à la chasse, là où il me compte privé-
« ment de toutes ses affaires, prenant autant de peine
« à me vouloir donner plaisir en sa chasse comme si
« je fusse un bien grand personnage. Quelquefois il
« nous met, madame Anne et moi, avec chacun son
« arbalète, pour attendre les daims à passer... Quel-
« quefois sommes, elle et moi, tout seuls en quelque
« autre lieu, pour voir courir les daims, et, comme
« nous arrivons en quelque maison des siennes, il
« n'est pas sitôt descendu qu'il ne me veuille mon-
« trer et ce qu'il a fait et ce qu'il veut faire. Cette
« dite dame Anne m'a fait présent de robe de chasse,
« chapeau, trompe et lévrier. Ce que je vous écris,
« Monseigneur, n'est pas pour vous cuider persua-
« der que je sois si honnête homme que je doive être
« tant aimé des dames, mais afin que vous connais-
« siez comment l'amitié de ce roi s'accroît et continue
« avec le roi. »

Pour dire de telles choses sur ce ton dégagé il n'y

avait, même à la cour de François Ier, que Philippe de Chabot et Jean Du Bellay ; mais Jean Du Bellay n'était pas amiral et Philippe de Chabot n'était pas évêque. Disons même que le style de Chabot est ordinairement plus bref et plus sobre de détails en ce qui touche la galanterie. Selon les interprètes de *Pantagruel*, Rabelais, secrétaire de l'évêque de Bayonne, assis ordinairement à la table de ce prélat très-peu scrupuleux dans le choix de ses familiers, l'a mis en scène, dans son roman, sous le nom et le froc de frère Jean des Entommeures. Qu'en faut-il croire? Il est incontestable que l'évêque et le moine ont de commun autre chose que le nom : ils ont l'un et l'autre l'humeur gaie, le cœur brave, et ne s'inquiètent guère plus l'un que l'autre des versets que l'on chante au chœur tandis qu'ils préparent leurs engins de chasse ou de guerre ; ils se ressemblent, autant qu'une bouffonne caricature est l'image fidèle de la réalité. Encore, oserait-on dire que l'évêque de Bayonne, vêtu d'une robe de chasse, ayant sur sa tête le chapeau retroussé, sur ses épaules la trompe aux joyeuses fanfares, à ses côtés le lévrier au pied rapide, et poursuivant le daim, dans un bois de Windsor, avec la digne maîtresse du plus effronté libertin de toute l'Angleterre, ait joué, sous ce costume, en ce lieu, dans cette compagnie, un personnage moins burlesque, moins facétieux, moins profane, que notre frère Jean vidant les pots ou devisant avec Panurge sur les inconvénients du mariage?

Deux mois après avoir écrit l'étrange épître que nous venons de reproduire, Jean Du Bellay revenait en France. François de Poncher, qui avait reçu l'évêché de Paris des mains de son oncle Etienne, était mort le 12 septembre, et le roi, voulant donner au conseiller intime de Henri VIII une preuve éclatante de son affection et de sa reconnaissance, l'avait appelé, dès le 20 septembre, à la possession de ce riche bénéfice. Il conserva, suivant l'usage, l'évêché de Bayonne, et n'attendit pas même les bulles du pape pour s'établir dans l'évêché de Paris. Ces bulles lui furent remises au cours de l'année suivante, car elles portent la date du 2 mai 1533, et le roi les confirma le 1er octobre 1534. A cette époque, il y avait un an déjà qu'il acquittait, avec les revenus de l'évêque de Paris, les dettes de l'ambassadeur près le roi d'Angleterre. Un de ses premiers soins fut de faire joindre l'abbaye de Saint-Maur, qu'il possédait depuis quelques années, à la manse de l'évêque de Paris, dont les revenus, disait-il, étaient insuffisants : il obtint cette faveur de Clément VII, au mois de juin 1533 (1). Il y avait six cent soixante-cinq ans que le célèbre monastère de Saint-Maur était gouverné par des abbés réguliers ; il possédait vingt-trois bénéfices dans l'archevêché de Sens et dans les évêchés de Chartres, de Paris et de Meaux : c'était une grosse affaire que de convertir ce riche

---

(1) *Gallia christ.*, t. VII, col. 160.

domaine en un doyenné épiscopal. François Ier, adhérant aux motifs allégués par l'évêque de Paris, avait lui-même appuyé sa requête auprès du saint-siége. Les moines murmurèrent, mais on ne les écouta pas (1).

Au mois d'octobre de cette année 1533, Jean Du Bellay se rendait à Marseille, avec la cour, pour assister à l'entrevue de Clément VII et de François Ier. Il ne devait pas remplir un rôle actif dans cette célèbre conférence ; mais un incident fort singulier l'appela sur la scène pour occuper l'emploi d'autrui. Le 4 octobre, parut en vue de Marseille la flotte qui portait le pape et ses cardinaux ; le maréchal de Montmorency les reçut dans un des faubourgs de la ville, et il fut convenu que la cérémonie de la réception aurait lieu le lendemain. C'était le président Poyet qui devait haranguer le saint-père ; mais comme ce docte légiste ne s'exprimait pas facilement dans la langue de Cicéron, il avait fait composer un discours latin du plus bel effet par quelque rhéteur de profession, et n'avait pas sans beaucoup de peine mis en bon ordre dans le trésor de sa mémoire une longue série de phrases sonores qu'il entendait à demi. Quel fut donc son embarras, quand il apprit que le pape, voulant demeurer en de bons termes avec l'empereur et les

---

(1) *Le Théâtre des Antiq. de Paris*, par Jacques Du Breul, p. 1179.

princes alliés à la cause de l'Empire, avait chargé son maître des cérémonies de faire entendre sur quels points il ne lui convenait pas d'être entretenu publiquement par l'orateur du roi de France! Toute la harangue du président était à refaire. Il prit un détour pour dissimuler sa déconvenue, et, s'étant rendu précipitamment auprès du roi, il lui dit que, le pape voulant entendre seulement parler des affaires de la religion, il convenait mieux de lui donner pour interlocuteur, dans cette circonstance, un évêque qu'un président. On le comprit, et Jean Du Bellay fut chargé de faire à la hâte le discours officiel. Si bref que fût ce discours, tout le monde se fit un devoir de louer la présence d'esprit et l'éloquence banale de l'évêque de Paris (1). Il a été publié par les auteurs du *Gallia christiana* (2).

Avant de quitter Marseille, le pape avait promis à François Ier d'agir avec ménagement, pendant quelque temps encore, à l'égard du roi d'Angleterre. Aussitôt après la conférence de Marseille, Jean Du Bellay se rendit en Angleterre et fit tous ses efforts pour contenir Henri VIII. Il lui représenta qu'il valait mieux entrer en pourparlers avec la cour de Rome que l'irriter par des coups d'état ; qu'il s'agissait uni-

---

(1) *Mémoires* de Martin Du Bellay, t. II, p. 279. — Montaigne, *Essais*, liv. I, ch. x. — César de Nostradamus, *Hist. de Provence*, p. 744.

(2) T. VII, col. 161.

quement d'envoyer des députés à Clément VII, de produire pièces sur pièces à l'appui du divorce, et de traîner ainsi l'affaire en longueur ; que cette marque de déférence devait suffire pour tout calmer. Quelle que fût sa violence naturelle, quels que fussent ses griefs contre la cour de Rome, Henri VIII se laissa persuader par l'évêque de Paris, et le pria d'aller lui-même à Rome faire au pape des propositions d'accord. Malgré la rigueur de la saison (on était aux approches de Noël), Du Bellay traversa le détroit et courut en Italie. Les cardinaux étant assemblés, il prit devant eux la défense du roi, leur déclara qu'il n'avait au fond du cœur aucune inimitié contre la cour romaine, et les exhorta vivement à prévenir par de bons procédés le scandale d'une rupture qui devait consterner la chrétienté tout entière. Ces remontrances furent écoutées : on prit l'engagement de suspendre, jusqu'au 23 mars, le procès d'Henri VIII ; mais, en l'absence de l'évêque de Paris, ce prince n'avait pour conseillers que les parents et les courtisans d'Anne de Boleyn ; négligeant donc de mettre à profit le délai qu'il avait obtenu, Henri manifesta, plus fermement qu'il ne l'avait fait encore, la volonté de rompre avec l'église de Rome, et en conséquence, le 23 mars 1534, la sentence d'excommunication fut prononcée contre l'adultère époux de Catherine d'Aragon, à la majorité de dix-neuf voix contre trois. Du Bellay n'ayant reçu de Londres aucune dépêche, aucune nouvelle, avait encore sollicité, mais n'avait pu cette fois obtenir un sursis de quelques jours (1).

La malheureuse issue de cette négociation ne compromit en rien l'évêque de Paris près de la cour romaine. Clément VII lui dit souvent qu'il eût été plus sage de retarder la conclusion de cette déplorable affaire, mais que les agents de l'Espagne et de l'Autriche avaient entraîné la majorité des cardinaux. Bien placé dans la confiance de Clément VII, Jean Du Bellay ne fut pas moins estimé de Paul III, qui le nomma cardinal-prêtre, au titre de Sainte-Cécile, le 21 mai 1535 (2). Il espérait depuis longtemps cette dignité, le roi l'avait pour lui demandée, et plusieurs cardinaux français, entre lesquels nous pouvons désigner le cardinal de Grammont (3), désiraient beaucoup l'avoir pour collègue. Cependant on avait toujours différé de l'élire. Dans une de ses lettres, qui porte la date du 9 janvier 1534 (4), il se plaint vivement de n'avoir pas été compris dans la dernière promotion. Et à qui cette plainte est-elle adressée? au pape lui-même. Jean Du Bellay le prenait sur ce ton avec toutes les puissances.

(1) Lingard, *Hist. d'Angl.*, p. 221 et suiv. — *Mémoires de Martin Du Bellay*, t. II, p. 390 et suiv. — Fleury, *Hist. eccl.*, liv. CXXXIV.
(2) Il le fut ensuite aux titres de Saint-Vital, de Saint-Pierre-aux-Liens, de Saint-Adrien et de Saint-Chrysogone.
(3) Mélanges de Clairambault, t. XXV, p. 2735.
(4) Mss. de la Biblioth. Nationale, fonds Dupuy, n° 269.

Il était de retour à Paris, quand, en l'année 1536, François Ier se rendit dans la Provence, menacée par les armes impériales. Connaissant l'humeur du cardinal, et sachant qu'il pouvait compter sur lui, François lui confia la garde de Paris, et lui donna le titre de lieutenant général des provinces de Picardie et de Champagne. Jean Du Bellay ne refusa pas cette fonction, estimant, comme le roi, qu'il était capable de la bien remplir. Quand l'arrivée des bandes ennemies sous les murs de Péronne vint jeter l'épouvante dans tous les esprits, l'évêque de Paris se montra le premier citoyen de cette ville :

> ..... Regni dubiis hisce tumultibus,
> Quos flagrans Caroli Cæsaris excitat
> In Francos odiumque et violentia
> Et vindex animi insania lividi,
> Ostendis procerem te memorabilem,
> Cedentem eximio robore nemini,
> Terrorum et jaculis impenetrabilem (1).

Ayant d'abord réuni le prévôt des marchands et les échevins, il leur fit comprendre que la prise de Péronne devait avoir pour conséquence inévitable le siége de Paris. Il fallait donc se préparer à recevoir prochainement les troupes impériales, et, si faire se pouvait, à leur donner bonne chasse. Les magistrats municipaux s'engagèrent à mettre sur pied une armée de dix mille

---

(1) Salmonii Macrini *Hymni*, lib. I, hymn. 1.

hommes, à fournir les munitions de guerre avec un train d'artillerie et à soudoyer cinquante mille pionniers que l'on envoya sur-le-champ travailler aux fortifications de la ville. Les vivres manquaient : le cardinal fit partir dans toutes les directions d'actifs émissaires, qui allèrent réclamer au nom du roi, chez tous les fermiers de l'Ile-de-France, le tiers des grains entassés dans leurs greniers ; en huit jours, la ville fut approvisionnée, et les Parisiens, encouragés par l'exemple de leur évêque, attendirent, pour se porter aux remparts, la nouvelle de la prise de Péronne. Mais Péronne fut vaillamment défendue, et, battu sous les murs de cette place, le comte de Nassau fit une prompte retraite (1). Le roi loua beaucoup la vaillante conduite de l'évêque de Paris, et lorsque, l'année suivante, ayant pris le parti de traverser les Alpes avec son armée, il partagea l'administration de son royaume entre Charles, duc d'Orléans, le duc de Guise et Henri, roi de Navarre, il donna pour conseil au duc d'Orléans le cardinal Jean Du Bellay (2). C'était confier au cardinal lui-même le gouvernement d'un grand tiers de la France.

(1) *Mémoires de Martin Du Bellay*, t. IV, p. 217 et suiv. En lisant ces détails sur la défense de Paris par Jean Du Bellay, ne se rappelle-t-on pas, sans le secours des annotateurs de *Pantagruel*, les exploits de frère Jean exterminant avec un bâton de croix les ennemis qui ravageaient le clos de l'abbaye de Sévillé?

(2) Martin Du Bellay, *Mémoires*, t. IV, p. 365.

Quels que fussent les embarras de la situation, Jean Du Bellay sut administrer le diocèse de Paris, contrôler de loin la gestion financière de l'évêché de Bayonne, et gouverner sous le nom du duc d'Orléans, sans se sentir accablé par le poids des affaires. Il trouvait même assez de loisir pour passer aux champs, dans son château de Saint-Maur, des semaines, des mois entiers. C'étaient ses vacances, et il les employait bien, non pas en évêque, mais en gentilhomme. Il n'aimait, toutefois, ni les cartes, ni les spectacles, ni les danses, aucun des passe-temps recherchés par les esprits paresseux :

>   Quænam transigitur digna per otia
> Hæc secura quies, optime pontifex,
>   Mauri ad cœlitis ædem
>   Indulget quam tibi Deus ?
>   Non ludo ancipitis conteris alæ
> Tempus, non choreis, irrevocabile....
>   Nec....... capiunt.......
> .... te...... fabulæ,
>   Et quæ plurima mimi
>   Effundunt jocularia;

mais il employait volontiers son temps à chasser dans ses riches garennes,

>   ..... Lepores canum
>   Vexas alite cursu (1),

---

(1) Salmonii Macrini *Odæ*, lib. III.

à lire les vieux poëtes, à faire des vers latins, ou bien encore à planter ses bois (1), à greffer ses rosiers, à tailler ses arbres fruitiers, à semer dans ses pépinières des graines encore nouvelles en France, qu'il avait acquises à grands frais de divers voyageurs. Le soir, une société nombreuse se réunissait au château. Très-curieux de la bonne chère, le cardinal traitait honorablement ses conviés. C'étaient les poëtes en renom, qui tous s'accordaient à le proclamer leur Mécène ; c'étaient ses familiers, ses amis, Jacques Colin, secrétaire du roi, Adrien Drac, conseiller au parlement de Paris, Michel de L'Hospital et le docte André Tiraqueau (2), qui joignait au savoir acquis dans les gros livres l'expérience que les années donnent aux bons esprits ; c'étaient les principaux officiers civils de la province de Paris, les hauts fonctionnaires de l'évêché, et une foule de jeunes gens de qualité, entre lesquels on remarquait le cadet d'une maison de la Bresse, gentilhomme de très-grande espérance, nommé Gaspard de Coligny. Rien n'était brillant comme les réunions de Saint-Maur. Le cardinal eut même plusieurs fois l'honneur de recevoir dans sa magnifique

---

(1) Il avait planté un bois à Saint-Maur :

   Nemusque suis plantaverat ipse
 Quod manibus.

Ainsi s'exprime le chancelier de L'Hospital : *Epistolar.*, lib. I, epist. 1.

(2) Dans une ode, publiée par Salmon Maigret, *Ad amicos qui in laureti satio ne occupato venerant.*

résidence la princesse Jeanne de Navarre et le roi François Ier (1).

Puisque nous venons de parler de la vie privée de Jean Du Bellay, de ses habitudes, de ses goûts, de ses mœurs, c'est ici que nous devons aborder une question délicate et très-digne d'intéresser les curieux. On lit dans un chapitre des *Dames galantes* de Brantôme : « J'ai ouï raconter à une dame de grande qualité et
« ancienne, que feu M. le cardinal Du Bellay avait
« épousé, étant évêque et cardinal, Madame de Châ-
« tillon et est mort marié. Et le disait sur un propos
« qu'elle tenait à M. de Manne, Provençal, de la mai-
« son de Seulal et évêque de Fréjus, lequel avait suivi
« l'espace de quinze ans en la cour de Rome ledit car-
« dinal et avait été de ses privés protonotaires : et,
« venant à parler dudit cardinal, elle lui demanda
« s'il ne lui avait jamais dit et confessé qu'il fût
« marié. Qui fut étonné, ce fut M. de Manne de telle
« demande. Il est encore vivant, qui pourra dire si je
« mens, car j'y étais. Il répondit que jamais il n'en
« avait ouï parler, ni à lui ni à d'autres. — Or, je vous
« l'apprends donc, dit-elle, car il n'y a rien de si vrai
« qu'il a été marié et est mort marié réellement avec
« ladite dame de Châtillon (2). » Tel est le récit de Brantôme. Il n'est assurément pas vraisemblable. Les

---

(1) Joannis Bellaii *Poemata*, à la suite des odes de Maigret, p. 107, 127.

(2) *Dames galantes*, t. II.

habitudes peu rigides de Jean Du Bellay font supposer qu'il n'a pas toujours rigoureusement observé les règles de la discipline ; mais on a beaucoup de peine à croire qu'étant évêque et cardinal il se soit marié, même en secret, « réellement marié. » Un des correspondants du président Bouhier, l'abbé Leclerc, a fait une dissertation pour prouver que la dame de Châtillon dont parle ici Brantôme, Blanche de Tournon, dame de Coligny et de Châtillon-sur-Loing, déjà veuve en l'année 1505 de Raymond d'Agoult, comte de Sault, devait toucher à la vieillesse en l'année 1536, lorsque Jean Du Bellay, plus jeune qu'elle, fut nommé cardinal (1). L'abbé Leclerc ne croit donc pas au prétendu mariage. Cependant Amelot de La Houssaye n'en doute aucunement (2). Mais Amelot de La Houssaye n'a pas fait d'enquête sur le fait : son unique témoin, c'est Brantôme, ou plutôt « la dame « ancienne et de grande qualité » dont Brantôme a redit le propos. Nous nous rangeons, pour notre part, à l'avis de l'abbé Leclerc ; ce propos est, comme beaucoup d'autres, une fable, et Jean Du Bellay, mort suspect de plus d'une galanterie, n'a jamais été « réel-« lement marié (3). »

(1) Biblioth. Nation. Correspond. du prés. Bouhier, t. V.
(2) *Mémoires historiques*, t. I, p. 392.
(3) Mais, du moins, une proposition de mariage, qui ne fut suivie d'aucun résultat, n'a-t-elle pas été faite, en l'année 1537, par le cardinal Jean Du Bellay à une autre personne, plus jeune que la veuve des sieurs d'Agoult et de Châtillon? Au nombre

Au mois de janvier de l'année 1540, le cardinal de Sainte-Cécile put faire valoir, dans une circonstance solennelle, les grâces de sa personne et la magnificence de sa maison. Pressé d'aller châtier les Gantois

des lettres manuscrites de Guillaume Du Bellay, que contient le numéro 269 de la collection Dupuy, il en est une qui est conçue en ces termes :

« *De la Côte-Saint-André, jeudi saint*, 1537.

« MON FRÈRE,

« Depuis la réponse que je vous fis à la longue lettre que m'avez écrite, j'ai parlé à Monsieur de Laval des torts et entreprises que vous font ses officiers, qui me promit de y mettre tôt ordre, que j'en demeurerai content, remettant à la venue de M. de Châteaubriant, qui s'attend ici après la fête, de y mettre une conclusion. Mais, depuis, j'ai su par un gentilhomme du Poitou qu'un sien voisin, qu'il m'a nommé, se vante que vous lui faites grande poursuite d'avoir sa fille en mariage, disant que il ne tient que à quelque argent comptant, aussi qu'il ne veut assez bailler de terre, que ne soyez d'accord ensemble. Vous savez, mon frère, que ce ne sont les derniers propos que vous me tîntes, et trouve bien étrange que me mettez en peine de demander au roi des bénéfices pour vous, ce qu'avez fait n'a pas encore quinze jours, et si vacation fût écheute, vous en aviez un de plus de deux mille livres de rente, et cependant j'aille recevoir cette honte et moquerie que j'aie pourchassé des bénéfices pour homme marié ; qui ne serait tel contentement envers lui que vous pouvez penser. Voyant cela, je me suis délibéré de vous en demander la vérité, et, attendant votre réponse, ne me mêler d'affaire qu'ayez, non plus que je ferais pour le plus grand ennemi que j'aie en ce monde ; car entendez que là où feriez ce que dessus, je vous tiendrais à jamais pour autre. Aussi, au contraire, là où vous me tiendrez votre parole et me donnerez à connaître par effet que ne vous serez moqué de moi, vous ne trouverez en ce monde tel ami, ni qui plus ait vos affaires en recommandation que moi. »

Cette lettre est-elle bien de Guillaume Du Bellay ? Elle n'est pas originale et ne porte aucune signature ; mais Dupuy n'a pu

rebelles, et n'osant traverser l'Allemagne très-agitée, Charles V avait fait demander à François Ier le passage à travers ses états, et celui-ci s'était empressé d'accéder à cette demande. Les deux fils de France et

la ranger sans quelque motif parmi les lettres de Guillaume. Elle a d'ailleurs été copiée par la même main que plusieurs autres lettres du même recueil, qui sont incontestablement de Guillaume et auxquelles sa signature manque pareillement. Mais auquel de ses frères Guillaume a-t-il adressé cette missive curieuse? Le copiste ne nous l'apprend pas. Est-ce à Martin Du Bellay? En cette année 1537, il commandait, dans le nord, une compagnie de chevau-légers, et s'occupait de toute autre chose que de solliciter des bénéfices. Est-ce à Louis Du Bellay? Il était chevalier de Malte, et, dès sa jeunesse, dès sa dixième année, il avait été transporté loin du sol natal. Est-ce à René Du Bellay? Depuis l'année 1535, il occupait le siège épiscopal du Mans. Est-ce enfin à Jean Du Bellay? Nous ne hasardons pas nous-mêmes cette conjecture, mais nous ne pouvons ne pas tenir compte d'un renseignement qui nous est fourni par un autre manuscrit de la même bibliothèque. Dans ce manuscrit, inscrit sous le n° 1832, provenant de la bibliothèque Coislin, se trouve une seconde copie de la lettre. Or, voici ce qu'il y a de remarquable dans cette copie : à défaut de signature, elle porte un titre, et ce titre désigne Jean Du Bellay comme celui des frères de Guillaume auquel fut adressée la lettre dont nous avons publié le texte. Mais si nous avons à dessein rapporté toutes les preuves qui peuvent être alléguées à l'appui de cette désignation, disons enfin quel est notre sentiment à cet égard. Il est impossible que Jean Du Bellay, doyen de Saint-Maur, évêque de Bayonne, de Paris, et cardinal-prêtre, ait publiquement demandé la main de cette jeune fille du Poitou dont nous parle la lettre de Guillaume. Rien, d'ailleurs, dans cette lettre, ne se rapporte à l'un des prélats les plus éminents et les mieux dotés de l'église de France. Si donc il est vrai que Guillaume l'ait écrite à son frère Jean, il faut nécessairement qu'une erreur de date ait été commise dans l'une et dans l'autre copie. Substituons, en effet, l'année 1517 à l'année 1537, Jean Du Bellay le connétable de Montmorency allèrent jusqu'à Bayonne au-devant du vainqueur de Pavie ; le roi lui-même se rendit à sa rencontre jusqu'à Châtellerault, et ils s'accordèrent réciproquement les marques de l'affection la plus vive. Charles V ayant fait son entrée dans la ville de Paris le 1er janvier, le cardinal Du Bellay eut l'honneur de le recevoir en son palais épiscopal (1).

Ce fut sans doute pour acquitter les frais de cette réception qu'il obtint, au mois d'août de l'année suivante, un troisième évêché, celui de Limoges, car il était admis que l'église devait payer les dettes de l'état. Jean Du Bellay prit possession, par procureur, du siége vénéré de saint Martial, le 22 septembre 1541 (2). Mais quoi? Paris, Limoges et Bayonne, le fief de Saint-Cloud, les abbayes de Saint-Maur, de la Fontaine-Daniel, et divers autres bénéfices de moin-

---

n'est plus ni doyen de Saint-Maur, ni cardinal-prêtre, ni recteur des églises de Bayonne et de Paris; c'est un jeune et brillant seigneur, que l'on destine à l'église, mais qui voudrait bien suivre une autre carrière, et qui se laisse aller, avant d'avoir prononcé ses vœux, jusqu'à convoiter la fille ou les écus d'un gentilhomme du Poitou. Cela n'a rien d'invraisemblable. Mais si l'on prétend maintenir la date qui est donnée par les deux manuscrits, il faut rejeter l'indication fournie par le registre provenant de la bibliothèque Coislin, et chercher encore à qui peut être adressée la lettre de Guillaume, si même cette lettre est de lui.

(1) *Gallia christ.*, au lieu cité.
(2) *Ibid.*, t. II, col. 539.

dre importance pouvaient-ils suffire pour entretenir convenablement la maison somptueuse du plus libéral des cardinaux? Trouvant toujours ses besoins supérieurs à ses ressources, Jean Du Bellay, déjà si bien pourvu, sollicitait encore, mais non plus un simple diocèse ; il voulait une province, et une des plus considérables. Le roi l'aimait assez pour la lui donner, mais il fallait attendre une vacance. Sur ces entrefaites mourut l'abbé du monastère d'Aniane, au diocèse de Montpellier. Pour complaire à l'insatiable solliciteur et modérer son impatience, François s'empressa de mettre en commande cette abbaye et de lui en faire présent (1). Enfin, dans les derniers mois de l'année 1543, le siége de Bordeaux perdit son archevêque. L'administration de cette riche province fut aussitôt donnée au cardinal Du Bellay, qui en prit possession le 25 janvier 1544 (2). Il faut entendre Salmon Maigret applaudir à cette largesse de François Ier. « Réjouissez-vous, prêtres des Muses, habi-
« tants du mont à la double crête, car voici que Du
« Bellay, le tuteur des poëtes et des arts, chargé par
« le roi de gouverner la pieuse milice des fidèles bor-
« delais, va ceindre sa tête de la plus haute de toutes

---

(1) « Joh. Du Bellay, primum commendatarius a rege nominatus, ceteris quibus toto vitæ suæ tempore dilatus est sacerdotiis Anianam quoque adjunxit. » (*Gallia christ.*, t. VI, col. 851.)

(2) *Gall. christ.*, t. II, col. 848.

« les mitres.... La vertu est estimée ce qu'elle vaut,
« le mérite obtient sa juste récompense (1). » Salmon
Maigret était le courtisan domestique du cardinal et
de son frère ; ils l'avaient pris à leur service et lui
avaient donné pour emploi de les chanter sur tous les
modes, selon tous les rhythmes. Aussi, que d'épîtres
congratulatoires ont-ils reçues de cette muse gagée !
Que de paraphrases adulatrices accompagnent le nom
du cardinal dans les odes et jusque dans les hymnes
de Salmon Maigret :

>   Bellai, pater et patrone vatum...
>   ..... tutela præsens vatibus...
>   Vatum fautor et artium........
>   Magne Bellai, citharæ arte pollens..., etc., etc.!

Après avoir pris note de tous les vers adoniques, saphiques, trochaïques, asclépiades, composés et publiés par Maigret en l'honneur de Jean Du Bellay, nous ne savons dire lequel des deux demeure l'obligé de l'autre. Ronsard n'hésite pas à déclarer que le poëte a payé même avec usure le loyer du plus honorable entretien, et que le cardinal lui doit encore de la reconnaissance. Nous lisons, en effet, ces vers dans une ode à Jean Du Bellay :

>   ... Celui qui acquiert la grâce
>   D'un bienheureux écrivant

(1) Salm. Macrini *Odæ.*

De mortel se fait vivant
Et au rang des célestes passe

Comme toi, que la muse apprise
De ton Macrin a chanté,
Et t'a un los enfanté,
Qui la fuite des ans méprise ;

Elle a perpétué ta gloire
En logeant là haut aux cieux,
Et a fait égale aux dieux
L'éternité de ta mémoire.

En l'année 1544, tandis que Charles V formait à Spire une nouvelle coalition contre la France, François Ier crut devoir envoyer dans cette ville quelques ambassadeurs, chargés de démentir, auprès des grands vassaux de la couronne impériale, les propos calomnieux au moyen desquels l'Espagnol réussissait trop bien à se concilier des partisans. Le cardinal Du Bellay partit pour l'Allemagne avec cette mission, ayant en sa compagnie le président Ollivier et le bailli de Dijon. Mais ils ne purent pénétrer au sein de la diète ; le héraut envoyé près de l'empereur revint sans avoir obtenu le sauf-conduit réclamé pour les ambassadeurs français. Ils protestèrent, du moins, dans un écrit rédigé par Jean Du Bellay, contre les perfides déclamations de Charles V (1). Cette protestation est éloquente ; mais elle fut sans effet : les princes d'Allema-

---

(1) *Mém. de Martin Du Bellay*, t. V, p. 319 et suiv.

gne ne pouvaient se prononcer contre l'empereur, et, aussitôt après la clôture des séances de la diète, les armées coalisées de l'Espagne, de l'Autriche, de l'Angleterre envahirent à la fois le nord, l'est et l'ouest de la France. Ce grand effort eut, on le sait, un très-médiocre résultat. S'étant rendus maîtres de quelques places, les princes confédérés se virent contraints à faire eux-mêmes des propositions pacifiques. L'amiral Annebault traita de la paix avec Charles V, et le cardinal Du Bellay fut envoyé vers le roi d'Angleterre, qui tenait Boulogne assiégée ; mais il n'eut pas le succès d'Annebault, et, la paix conclue avec l'Empire, la guerre continua sous les murs de Boulogne et dans la Manche avec les bataillons et les navires anglais.

L'évêché du Mans fut le dernier présent que Jean Du Bellay reçut de François Ier. Il en fut pourvu peu de jours après la mort de René, son frère, en 1546. En vérité, l'on ne devine pas où se seraient arrêtées les libéralités du roi pour son favori, et combien d'évêchés il aurait pu lui donner encore, s'il eût vécu plus longtemps.

François Ier, mort à Rambouillet le 1er mars 1547, Jean Du Bellay fit en son honneur une pièce de vers élégiaques qui commence par :

  Gratia, forma, decus, probitas, facundia, candor
    Relligio, charitum spes, etc., etc.;

en un mot, la personne du roi défunt offrait l'assemblage de toutes les qualités, de toutes les vertus, sans excepter la candeur. C'était l'hommage du poëte. Celui du cardinal fut plus solennel encore : il présida la cérémonie des funérailles dans l'église de Paris, assisté de neuf autres cardinaux et de quarante évêques.

La faveur d'un courtisan a pour limite ordinaire la durée d'un règne. Opiniâtrément desservi près d'Henri II par le cardinal de Lorraine, Jean Du Bellay quitta la France et se rendit à Rome, où il fut évêque d'Ostie et doyen des cardinaux, en l'absence de ceux de Tournon et de Bourbon, ses anciens. Le doyen présidait le conseil ; il était le premier de Rome après le pape, *Romæ secundus*, comme dit L'Hospital. Jean Du Bellay paraît avoir été très-glorieux de ce titre ; ce que lui reproche son ami, qui s'efforçait vainement de le rappeler à Paris, à Saint-Maur :

> At speciosus bonos capitisque insigne superbum
> Te Romæ retinent et lati purpura clavi,
> Princeps inque tuo locus ordine, jusque rogandi
> Collegas quæ cuique animo sententia sedit... (1).

Il se démit alors successivement des évêchés de Paris, de Bordeaux et du Mans, en faveur d'Eustache Du Bellay, son cousin, de François de Maulny et de Charles d'Angennes, sans toutefois renoncer aux fruits,

---

(1) *Œuvres* de L'Hospital, t. III, p. 63.

c'est-à-dire aux beaux revenus de ces évêchés (1). Avec ces revenus, augmentés par les largesses du pape, il se fit bâtir un splendide palais sur les bords du Tibre, un palais de marbre blanc :

> Nunc struit ille domos, nunc dicitur alta locare
> Fundamenta novæ Pario de marmore villæ
> Ad Tiberis ripam (2).

C'est là qu'il donna rendez-vous à tous les beaux esprits de Rome ; c'est là qu'en l'année 1549 il célébra la naissance du duc d'Orléans avec une magnificence dont le souvenir se perpétuera d'âge en âge. Ces termes ne sont pas emphatiques, car le récit des jeux, des combats, des festins qui, dans cette journée solennelle, remplirent d'admiration et de contentement la noblesse et le peuple de Rome, a été fait par le secrétaire, par le médecin du cardinal, maître François Rabelais (3). Ainsi, comme l'a bien dit Ronsard :

> ...Celui qui acquiert la grâce
> D'un bienheureux écrivant
> De mortel se fait vivant
> Et au rang des célestes passe !

---

(1) « Retentis fructibus episcopatus et collatione beneficiorum. » (*Gallia christ.*, t. VII.)

(2) *Œuvres* de L'Hospital, t. III, p. 3.

(3) Est-il permis de citer, même au bas d'une page, pour les curieux, ces vers burlesques de Scarron sur Rabelais :

> Plus laid que l'amant de Siringue,
> Qui tenait en main la seringue

Il faut lire dans les œuvres de Rabelais ce récit vraiment curieux (1). Le cardinal Du Bellay, ayant appris la délivrance de Catherine de Médicis, prépare, avec les seigneurs Horace Farnèse, Robert Strozzi, de Castres et de Maligni, les plus somptueuses réjouissances. Au jour fixé, la fête commence par un simulacre de combat. Sur la vaste place des Saints-Apôtres s'élève un château-fort quadrangulaire, flanqué de tourillons, et ayant pour ceinture un fossé large de quatre pas, profond d'une demi-toise. Attaqué par une nombreuse milice, défendu par de vaillants capitaines, le château tient pendant un jour entier, vomissant des torrents de fumée de ses batteries inoffensives; enfin il est pris d'assaut, et les combattants, vainqueurs et vaincus, se rendent alors dans les salons du cardinal, où les attend une table richement servie. Qu'on ne parle plus des « célèbres banquets de plu-
« sieurs anciens empereurs romains et barbares; » qu'on oublie désormais « la patine et cuisinerie de
« Vitellius, tant célébrée qu'elle vint en proverbe; » aucun de ces festins historiques n'est comparable à celui dont nous avons la description. « Je ne parlerai
« point, dit le narrateur, du nombre et rares espèces

   Dont il donnait des lavements
   A son maître, évêque du Mans ?

 Ces vers appartiennent à la *Relation véritable* qui a pour objet la mort de Voiture.

 (1) *La Sciomachie et Festins faits à Rome au palais de mon Seigneur révérend. cardinal Du Bellay.*

« des poissons ici servis ; il est par trop excessif.
« Bien vous dirai que, à ce banquet, furent servies
« plus de mille cinq cents pièces de four ; j'entends
« pâtés, tartes et dariolles. Si les viandes furent
« copieuses, aussi furent les buvettes numereuses ;
« car trente poinçons de vin et cent cinquante dou-
« zaines de pains de bouche ne durèrent guères, sans
« l'autre pain mollet et commun. » Douze cardinaux
occupent la première table ; plus loin on voit les ambassadeurs, les évêques, les ducs, et toute la foule des
seigneurs italiens. Les grâces dites, on introduit un
chanteur, qui récite une ode latine composée pour la
circonstance par le cardinal Du Bellay. Après le repas,
les dames envahissent les salons, le bal commence et
se prolonge jusqu'au lendemain. On dut s'entretenir
longtemps, à Rome, dans toute l'Italie, des détails de
cette grande fête. Il n'y avait qu'un gentilhomme français qui pût se montrer aussi libéral, aussi prodigue.

Les amis qu'il avait laissés en France, et qui vainement s'obstinaient à le rappeler, espéraient du moins
qu'après avoir longtemps exercé l'influence principale
dans le sacré-collége, il serait proclamé pape. En
effet, à la mort de Marcel II, en 1555, les cardinaux
réunis en conclave formèrent le dessein de lui donner
Jean Du Bellay pour successeur ; mais il les en dé-
tourna lui-même. Se rappela-t-il qu'il avait, en d'autres
temps, entretenu d'intimes rapports avec Mélancthon,
et qu'il n'avait pas été bien loin d'abjurer la croyance

catholique? ou se dit-il que les clefs de saint Pierre devaient être un poids bien lourd pour ses mains énervées par l'âge et par une voluptueuse indolence? Il paraît constant qu'il eût obtenu la tiare, s'il ne l'eût refusée. Il mourut à Rome le 16 février 1560, âgé de soixante-huit ans, et fut enseveli dans l'église de la Trinité-du-Mont, au couvent des Minimes français, auxquels il léguait par testament la moitié de sa riche vaisselle et 3,000 écus d'or (1). Sa mort fut à Rome un grand événement : elle causa presque le genre d'émotion que cause la mort d'un pape, et les poëtes, qu'il avait traités si généreusement durant sa vie, firent en son honneur des chants funèbres. Nous trouvons un de ces chants, sans nom d'auteur, dans un des volumes manuscrits de la Bibliothèque Nationale ; le voici :

> Bellaium ut sensit morientem exterrita Roma
> Septenis altum montibus ingemuit,
> Obductusque atra radios ferrugine septem,
> Ostendit terris sol sine luce dies,

(1) *Gallia christ.*, t. VII. Suivant quelques historiens calvinistes, Jean Du Bellay ayant été chargé, comme évêque de Paris, de juger Anne Du Bourg, et l'ayant condamné, fut puni par la main du Seigneur, qui le retira du monde « quarante « jours après l'exécution de cet illustre martyr. » (Teissier, *Addition aux Éloges des hommes savants.*) Ce rapprochement, d'ailleurs inexact, entre la date du supplice d'Anne Du Bourg et celle de la mort de Jean Du Bellay, est fondé sur une autre erreur. Le procès d'Anne Du Bourg commença le 19 avril 1559 et, depuis l'année 1550, Jean Du Bellay n'était plus évêque de Paris.

Et totidem adverso devolvens obvia cursu
    Exeruit tumidis per vada Tibris aquis ;
Moxque atram in pluviam resolutus nubibus æther
    Deflevit lacrymis tristia fata piis.
Quid superest ? Elementa dolent hæc funera ; nemo
    Defleri pompa nobiliore potest (1).

Il nous reste à parler des écrits de Jean Du Bellay.

En 1542, le premier des Robert Estienne publiait un libelle politique, contenant les deux pièces suivantes : *Pauli III, Pontificis max., ad Carolum V, Epist. hortat. ad pacem ; Francisci, Fr. regis, adversus ipsius Caroli calumnias Epist. apologetica ad Paulum III scripta* ; Paris, in-8°. On s'accorde à dire que la seconde de ces pièces est de Jean Du Bellay. Une traduction française en fut publiée, l'année suivante, chez le même libraire, in-4° et in-8°. Cette sorte de factum, écrit, selon le goût du temps, dans le style des rhéteurs, paraît avoir eu beaucoup de succès.

Nous avons parlé de la protestation rédigée au nom des ambassadeurs français envoyés à la diète de Spire, en 1544. Cette pièce, que l'on rencontre dans plusieurs manuscrits (2), fut publiée sous divers titres par Robert Estienne. Nous avons d'abord : *Oratio, de sententia christianissimi regis scripta ad ser., rev., illustr., excell., magn., spectabiles viros, universosque sacri imperii ordines Spiræ conventum agen-*

---

(1) Num. 8139, fol. 114 verso.
(2) Notamment dans le num. 2763 des Manuscrits français, àla Bibliothèque Nationale.

tes ; Paris, Rob. Estienne, 1544, in-4°. Comme il importait beaucoup de faire comprendre, en France, que l'initiative des mauvais procédés avait été prise par les Impériaux, cette protestation énergique fut sur-le-champ traduite. En voici le titre français : *Oraison écrite, suivant l'intention du roi très-chrétien, aux Seigneurs et Etats du Saint-Empire assemblés en la ville de Spire* ; Paris, R. Estienne, 1544, in-4° et in-8°. Elle a été reproduite dans les *Mémoires de Martin Du Bellay*. C'est la même pièce, avec des additions considérables, qui fut publiée sous ce titre : *Joannis card. Bellaii, Francisci Olivarii, Africani Mallei, Orationes duæ, de sententia christ. regis ad seren. Imperii ordines Spiræ conventum agentes, necnon pro eodem rege Defensio adv. Jac. Omphalii maledicta* ; Paris, Rob. Estienne, 1544, in-4° (1). La défense de François Ier contre les invectives d'Omphalius est, comme le discours des ambassadeurs, l'œuvre de Jean Du Bellay. Elle fut traduite et publiée séparément sous ce titre : *Défense pour le roi de France très-chrétien à l'encontre des injures et détractions de J. Omphalius, faite naguères en latin par un serviteur du roi, et maintenant traduite en français par Simon Brunel* ; Paris, Rob. Estienne, 1544, et Ch. Estienne, 1554, in-4°.

(1) La protestation des ambassadeurs a été publiée par Goldaste, partie 20 des *Ordonn. politiq. de l'Empire*, p. 951 ; Francofurti, 1614, in-fol.

Les lettres diplomatiques de Jean Du Bellay sont beaucoup plus importantes encore que ses discours et ses libelles. La Bibliothèque Nationale en possède beaucoup. Dans le n° 269 de la collection Dupuy nous en lisons neuf, qui se retrouvent dans le n° 1832 provenant de la bibliothèque Coislin. Vingt-trois recueils du fonds de Béthune contiennent une longue suite de ces lettres ; il y en a d'assez bonnes copies dans les volumes des Mélanges de Clairambault qui se rapportent au règne de François Ier. Elles sont, pour la plupart, écrites au grand-maître Anne de Montmorency. Cinquante-deux de ces lettres ont été publiées par Le Grand dans ses *Preuves de l'histoire du divorce de Henri VIII et de Catherine d'Aragon*. On en voit, en outre, quelques-unes dans les *Lettres et Mémoires*, édités en 1666 par Guillaume Ribier. Enfin, parmi les *Lettres* de Mélancthon, publiées par Jean Manlius, à Bâle, en 1565, in-8°, on en lit une adressée par Jean Du Bellay à cet illustre réformateur.

Le style de Jean Du Bellay est, à vrai dire, moins diplomatique que littéraire ; il raconte les événements auxquels il assiste, auxquels il prend part, même les plus graves, sur un ton leste, dégagé, qui trahit sans doute la légèreté de son caractère, mais qui fait valoir son esprit, et il en a beaucoup. Pourquoi n'en donnerait-on pas une édition plus correcte et plus complète que celle de Le Grand? Elles seraient goûtées par quiconque aime encore le style vif, facile et naturellement enjoué. On a, dans ces derniers temps, tiré des coins les plus obscurs de nos bibliothèques, de nos archives, bien des correspondances moins instructives et certainement moins plaisantes que celles de Jean Du Bellay.

Dans les *Annales de l'imprimerie des Estienne* de M. Raynouard, nous trouvons l'indication suivante : *Messire Jean Du Bellay, cardinal. Harangues, Oraisons, Epîtres et autres choses, tant en latin qu'en français*; Paris, R. Estienne, 1544, in-4°. Nous n'avons jamais rencontré ce volume. Suivant M. Desportes, le même Robert Estienne aurait encore publié, en 1549, in-8°, tout un volume d'odes, par lui-même recueillies, dont l'auteur serait Jean Du Bellay. Nous affirmons plus sûrement que ce volume, ignoré de M. Raynouard, n'a jamais existé. L'unique édition des odes de Jean Du Bellay qu'ait publiée Robert Estienne est de l'année 1546, et l'auteur de ce recueil est Salmon Maigret. Voici le titre exact du volume : *Salmonii Macrini Odarum libri tres ad P. Castellanum ; Joan. Bellaii, cardinalis amplissimi, Poemata aliquot elegantissima.* Dans une préface surabondamment laudative, Maigret nous dit qu'il a pris sur lui-même de livrer à la presse les compositions lyriques de son illustre patron, *se insciente atque inconsulto*. Nous n'en croyons rien ; mais cela importe peu. Nous avons été curieux de lire les poésies latines de Jean Du Bellay, et cette lecture nous a causé la plus agréable surprise. Rien n'est, en effet, plus ordinaire que de voir les sérénissimes protecteurs des lettres prendre eux-mêmes, dans leurs loisirs, la lyre aux cinq cordes, et en tirer des sons vulgaires ; mais, par exception à la coutume, le Mécène de Salmon Maigret est vraiment un poëte, un poëte digne de l'estime des gens de goût. On ne s'attend pas assurément à trouver, dans les œuvres du cardinal Du Bellay, un grand nombre de vers dogmatiques, inspirés par la muse chrétienne : indifférent aux choses de la religion, il ne chante, en effet, que des sujets profanes. Mais avec quelle verve il fait appel aux généreux instincts de la jeunesse française, lorsqu'il s'agit de jeter dans la Manche les troupes anglaises, maîtresses de Boulogne et déjà campées sous les murs de Montreuil ! Qu'il y a de noblesse dans son langage, lorsqu'il s'entretient, avec le cardinal de Lorraine, des grands intérêts de la patrie ! On nous accordera, sans doute, que les poëtes latins du xvie siècle ont laissé peu de vers supérieurs à ceux-ci :

> Macrine, musis dedite dulcibus,
> Quo vel canoram non alius chelyn
> Tractare doctus sit magis, vel
> Imparibus numeris jocari ;
>
> Cur me vocando frangeris......
> ....
>
> Nescis propinquos Sequanidum ad lacus
> Atram mephytim fervere, quæ piis

Vix mentibus jam sit bonorum
Ingenuisque animis ferenda?

Fortuna, rerum perpetuo vices
 Versare solers, cogitat impetus
Duros, ab exemplis avorum
Terrificum sibi nacta nomen.

Quos longa planctus posteritas virûm
Quas et querelas pectoribus trahet
Imis, priores execrata
Immemores patrii decoris!

Me si quis istis annumeraverit
Olim nepotum, si tumulo grave
Adjecerit pondus notarum
Turpium, et invidia gravarit,

Me juverit nil Elysii domus,
Nil prata vernis consita floribus :
Nomen semel quisquis beatum
Perdidit, omnia perdidisse hunc

Verè putandum : persequitur scelus
Auctorem, in ipsis nec latebris sinit
Vel mortis atræ contineri
Fama agitatum hominem sinistra...

Nous n'avons pas voulu traduire ces vers, craignant de leur ôter quelque chose de leur énergie. On n'y trouvera pas, nous le savons, la langue pure et sévère du chantre de Venose; mais il ne faut pas exiger de nos poëtes latins du xvie siècle cette perfection de style qui n'appartient même, chez les anciens, qu'à ceux du siècle d'Auguste. Ce qu'il faut remarquer dans les vers que nous venons de citer, c'est la noblesse de la pensée, la vigueur de l'expression, l'harmonie pleine et sonore des strophes, qui s'enchaînent l'une à l'autre sans effort, sans contrainte ; la dernière est notamment du plus bel effet.

Toutes les poésies latines de Jean Du Bellay n'ont pas été publiées par Maigret. Nous lisons, à la fin de la *Sciomachie* de Fr. Rabelais, l'ode en vers saphiques qui « fut prononcée par Labbat, avec sa grande « lyre, » dans le festin donné par le cardinal pour célébrer la naissance du duc d'Orléans. D'autres encore sont restées inédites. Ainsi nous pouvons en désigner trois dans le n° 2870 des Manuscrits français à la Bibliothèque Nationale : la première, fol. 118, a pour objet de célébrer le jour natal du pape Paul III, *In diem natalitium Pauli III, pontificis maximi ;* la seconde, même page, est à l'adresse de Charles de Guise (1). La troisième, fol. 136 (2), au pape Jules III, est plus intéressante : en voici les premières strophes :

> Non vides quanto jaceas bonorum
> Omnium planctu, simul involavit
> In manus anceps tumidas podagra,
>   Maxime Juli.

(1) Cette pièce n'est pas indiquée dans le nouveau catalogue des Manuscrits français de la Bibliothèque Nationale. Elle commence par :
  Dum premeret fessos vis importuna Quirites.
(2) Elle n'est pas non plus indiquée dans le catalogue.

Qui, putas, urbem dolor occupavit
Nuper exultantem animis tuique
Gaudii ingenti cumulo, fruentem
    Te magis ipso.

Luget adverso, est hilaris secundo
Principis casu melior Quiritum
Portio, sacrorum eademque tangit
    Gratia patrum.

Optimos (per me hi valeant) serato
Qui foris desiderio tenentur,
Hic ubi cera tenet involutum
    Tessera nomen.

Sat mihi hiberni pelagi procellis
Pene demerso grande pertulisse
Mox jugum ætatis, nimiumque sæva
    Vincula linguæ.

Hi novum conclave novosque quærant
Calculos, qui sic apicem vorant spe
In suo plane ut tua tota ponant,
    Tempora damno ;

Jamque designent oculis quibus vel
Hunc dolis tollant, capiant, vel illum,
Ne suæ dent stultitiæ secundas,
    Nunc quoque pœnas...

Ainsi Jules III ayant la goutte, les cardinaux, qui croient sa fin prochaine, s'agitent et commencent leurs intrigues, tandis que Du Bellay, vieux, fatigué, et, comme il paraît, affecté déjà d'une paralysie de la langue, assiste avec dédain au vain travail de leur ambition. Le recueil de Maigret est de l'année 1546, et ces vers portent la date de l'année 1550.

Le même recueil ne peut pas non plus contenir les vers élégiaques de Jean Du Bellay sur la mort de François Ier. Nous en lisons une copie dans le tome XLVI des Mélanges de Colbert, à la Bibliothèque Nationale. Les numéros 8138 et 8139 des Manuscrits latins, à la même Bibliothèque, nous offrent encore une épître fort longue de Jean Du Bellay à son ami Michel L'Hospital, en vers hexamètres. C'est la réponse à l'épître de L'Hospital qui commence par : *Musæ, progenies summi Jovis*. Dans ses notes sur La Croix du Maine, La Monnoye dit au sujet de notre cardinal : « J'ai vu « quelques épîtres en vers latins de sa façon, non « imprimées, qu'il écrivit de Rome au chancelier de « L'Hospital, dans lesquelles il y avait des traits « hardis tant contre la cour de Rome que contre la « France, et où j'ai été surpris de trouver quelque- « fois des fautes de quantité. » La Monnoye n'a pu voir qu'une seule de ces épîtres, une seule ayant été conservée : c'est celle que nous venons de désigner. On y trouve, en effet, des traits assez vifs contre la cour romaine : quant aux fautes de quantité, le numéro 8138 nous en offre une dès le second vers ; mais c'est une faute de copiste, qui n'existe pas dans le numéro 8139 ; le numéro 3138 est un volume très-défectueux. Nous mentionnerons enfin, parmi les œuvres inédites de Jean Du Bellay, un poëme sur

Ninus et Sémiramis, conservé dans le numéro 8166 des Manuscrits latins à la Bibliothèque Nationale.

Michel de L'Hospital nous apprend que Jean Du Bellay s'était proposé d'écrire, à l'exemple de son frère, une histoire des événements de son temps :

...Pridem historiam te condere nostri
Temporis, et fraterna sequi vestigia noram (1);

mais c'est un dessein qu'il ne paraît pas avoir exécuté, ce qui est très-regrettable. Quelques catalogues lui attribuent encore le beau missel de l'église de Paris qui porte le titre suivant : *Missale ecclesiæ Parisiensis, denuo ab aliquot ejusdem ecclesiæ canonicis et doctoribus theologis, ad id a reverendissimo Joanne de Bellaio cardinale delegatis, sedulo recognitum;* Paris, Merlin, sans date, in-fol. Le titre même du Missel indique assez que notre cardinal n'en est pas l'auteur. Aurait-il pu l'être ? Nous en doutons. Nous lisons dans une de ses lettres qu'on le prenait volontiers à la cour d'Angleterre pour un « grand théolo-« gien ; » mais cette opinion nous paraît avoir été peu fondée.

(1) *Opera*, t. III, p. 257.

DU BELLAY (martin).

Martin Du Bellay, troisième fils de Louis, seigneur de Langey, d'Ambrières et de Lavenay, né comme ses frères au château de Glatigny, vint à la cour, en l'année 1513, prendre le ton d'un gentilhomme et chercher un emploi.

L'expédition dans le Milanais ayant été résolue en 1515, Martin Du Bellay, qui devait avoir à peine atteint sa vingt-deuxième année, obtint du roi la permission d'accompagner en Italie son frère Guillaume, et il combattit aux journées de Novare, de Marignan et de Pavie. Nous ignorons sous quels chefs il apprit ensuite le métier des armes. En 1536, nous le retrouvons enfermé dans les murs de Fossan, avec Montpezat et La Roche du Maine, se retirant de cette place à la tête de la cavalerie, après une héroïque résistance (1), et revenant en France défendre les frontières menacées. Il commande alors, aux portes d'Aix, deux cents chevau-légers et quelques gens de pied, harcèle constamment les Impériaux qui battent en retraite sur la ville de Fréjus, et leur fait éprouver des pertes notables (2). Quand la guerre change de

(1) Ses *Mémoires*, t. III, p. 337.
(2) *Ibid.*, t. IV, p. 212 et suiv.

théâtre et s'engage aux frontières du nord, Martin Du Bellay est envoyé vers Térouane avec ses deux cents chevau-légers, et pénètre dans cette place, après avoir forcé tous les passages gardés par l'ennemi (1). Chargé de défendre Lilliers (2), il quitte bientôt ce poste, et court reprendre Saint-Venant. Quinze cents fantassins et trois cents cavaliers de la garnison impériale de Béthune viennent d'enlever un convoi considérable que les Français attendaient au camp de Pernes : à cette nouvelle, Du Bellay court à la rencontre de l'ennemi, brusque l'attaque avec cent cavaliers et dégage le convoi (3). A la défense de Saint-Pol (1537), il voit tomber à ses côtés cent vingt de ses chevau-légers ; il tombe bientôt lui-même, et on le compte déjà parmi les victimes de cette malheureuse journée, quand, à la fin du combat, on le retrouve enseveli sous un monceau de cadavres (4). Il est fait prisonnier, relâché sur sa parole, et, guéri de ses blessures, il court en Piémont, où il s'empare de Carignan et de quelques autres places voisines de Turin (1542-1543) (5).

Il était dans cette ville, où il remplissait les fonctions de gouverneur, lorsqu'il apprit la mort de son

---

(1) Ses *Mémoires*, p. 277.
(2) *Ibid.*, p. 289.
(3) *Ibid.*, p. 296.
(4) *Ibid.*, p. 316.
(5) *Id.*, t. V, p. 127, 193. — Montaigne, *Essais*, liv. I, ch. xiv.

frère Guillaume, qui, ayant sacrifié toute sa fortune au service de l'état, laissait à sa famille la charge de payer ses dettes. Contraint de faire un voyage en France pour mettre un peu d'ordre dans ses affaires, Martin Du Bellay s'éloigna de Turin ; mais, avant la fin de l'année 1543, il était à la tête de ses cavaliers aux portes d'Avesnes, où il se signalait par de nouvelles prouesses (1). Au mois d'avril 1544, il arrivait près de Turin, où il s'agissait d'introduire de prompts secours (2). Ayant rejoint le corps d'armée commandé par le comte d'Enghien, Martin Du Bellay faisait les fonctions d'aide-major général à la bataille de Cérisoles (3) ; il contribuait pour sa part au succès de cette bataille, et, après le combat, il empruntait à ses risques trente mille écus pour retenir et conserver les Suisses, déjà prêts à repasser les monts (4).

La campagne des Flandres, en 1545, fut la dernière à laquelle prit part Martin Du Bellay. Après avoir été reconnaître le fort d'Outreau, près de Boulogne, et avoir rendu compte au roi de la situation des troupes françaises employées contre les Anglais, il rejoignit l'armée, se jeta dans Mézières avec deux mille hommes, releva les fortifications de Villefranche, et fit beaucoup de mal aux milices anglaises avant la

(1) Ses *Mémoires*, t. V, p. 178, 181, 190.
(2) *Ibid.*, p. 274 et suiv.
(3) *Ibid.*, p. 29.
(4) *Id.*, t. VI, p. 12.

conclusion du traité de paix qui fut signé, entre Ardres et Guignes, le 8 juin 1546.

Martin Du Bellay passa les dernières années de sa vie dans le domaine de ses pères, au château de Glatigny, où il mourut le 9 mars 1559. Il était lieutenant général en Normandie, en l'absence du dauphin et du duc de Bouillon, et se faisait pompeusement appeler prince d'Ivetot. C'était un vain titre. Il le tenait d'Isabeau Chenu, sa femme, qui en était héritière.

C'est durant son séjour à Glatigny que Martin Du Bellay rédigea ses *Mémoires*, dans lesquels il inséra les trois livres conservés de son frère Guillaume. Ces *Mémoires* commencent à l'année 1513, et finissent à l'année 1547. On y trouve le détail de toutes les campagnes et de toutes les négociations qui eurent lieu sous le règne de François Ier. Des annalistes contemporains Martin Du Bellay paraît être celui qu'on estime le plus. C'est, à la vérité, le plus complet. Comme il s'est beaucoup servi des *Ogdoades* latines de son frère et les a plus souvent abrégées qu'amplifiées, la plupart des utiles renseignements que nous trouvons dans les *Mémoires* nous viennent de Guillaume. Martin, bon soldat, vécut dans les camps : il a pu tirer de son propre fonds quelques récits d'escarmouches, mais il a rédigé sur les manuscrits de son frère l'exposé des projets formés dans les cours, le récit des négociations heureuses, malheureuses, et l'examen des circonstances qui les ont fait échouer ou réussir. Scævole de Sainte-Marthe a loué l'élégance et la sincérité des *Mémoires* (1) ; le P. Daniel nous apprend qu'ils ont été « ses « plus sûrs guides ; » la plupart des historiens modernes les ont fidèlement suivis. Ils ont été, toutefois, l'objet de diverses critiques. Après avoir reconnu que Guillaume Du Bellay, auteur d'une partie de ces *Mémoires*, eut « la plume aussi bonne que la langue « et l'épée, » Bayle semble se contredire en déclarant que le style des *Mémoires* lui semble en général peu châtié. Mais il n'y a pas là de contradiction, car les *Mémoires* sont de deux plumes, et celle du soldat ne vaut pas assurément celle du diplomate.

Voici l'opinion de Montaigne sur le fond des *Mémoires* : « C'est toujours plaisir de voir les choses
« écrites par ceux qui ont essayé comme il les faut
« conduire ; mais il ne se peut nier qu'il ne se décou-
« vre évidemment en ces deux seigneurs ici un grand
« déchet de franchise et liberté d'écrire, qui reluit
« ès anciens de leur sorte, comme au sire de Join-
« ville, domestique de saint Louis, Eginhard, chan-
« celier de Charlemagne, et, de plus fraîche mémoire,
« en Philippe de Commines. C'est ici plutôt un plai-
« doyer pour le roi François contre l'empereur Charles
« cinquième qu'une histoire. Je ne veux pas croire

---

(1) Francisci res gestas non minus ornate quam sincere et prudenter populari sermone præscripsit.

« qu'ils aient rien changé quant au gros du fait ; mais
« de contourner le jugement des événements, souvent
« contre raison, à notre avantage, et d'omettre tout
« ce qu'il y a de chatouilleux en la vie de leur maître,
« ils en font métier : témoin les reculements de
« MM. de Montmorency et de Brion, qui y sont ou-
« bliés, voire même le seul nom de Madame d'Es-
« tampes, qui ne s'y trouve point. On peut couvrir
« les actions secrètes, mais de taire tout ce que le
« monde sait, et les choses qui ont tiré des effets
« publics et de telle conséquence, c'est un défaut
« inexcusable. Somme, pour avoir l'entière connais-
« sance du roi François et des choses advenues de
« son temps, qu'on s'adresse ailleurs, si on m'en
« croit. Ce qu'on peut faire ici de profit, c'est par la
« déduction particulière des batailles et exploits de
« guerre où ces gentilshommes se sont trouvés, quel-
« ques paroles et actions privées d'aucuns princes de
« leur temps, et les pratiques et négociations condui-
« tes par le seigneur de Langey, où il y a tout plein
« de choses dignes d'être sues et des discours non
« vulgaires. » Tel est le jugement de Montaigne sur
les *Mémoires*. Il paraît un peu sévère. Si le ton
de l'apologie domine dans ces *Mémoires*, on y trouve
plus d'une critique. Dans la meilleure partie de
ce livre, bien qu'elle soit écrite par le commandement du roi, Guillaume fait comprendre qu'il n'a pas
approuvé tous ses desseins et toute sa conduite. Il

blâme sans doute avec beaucoup de réserve, mais il blâme, et l'on ne peut exiger davantage d'un écrivain presque officiel. L'ensemble des *Mémoires* nous offre, il est vrai, peu d'anecdotes galantes; sur la cour encore plus bruyante que brillante de François Ier, sur ses mœurs, sur ses faiblesses, et il en eut beaucoup, aucun détail; mais il faut remarquer que les deux historiens se sont proposé l'un et l'autre de raconter des événements dont ils avaient les témoins en prenant pour modèles Tite-Live et Plutarque, et Montaigne aurait été plus juste en condamnant leur méthode qu'en les taxant d'infidélité.

Les *Mémoires* de Guillaume et de Martin Du Bellay ont été publiés pour la première fois en 1569, in-folio, par les soins de René Du Bellay, baron de La Lande, gendre de Martin, qui en trouva le manuscrit dans la bibliothèque de son beau-père. Cette édition, imprimée à Paris, a été suivie de beaucoup d'autres, parmi lesquelles on nous désigne celles de Paris, 1570, in-8°; d'Heidelberg, 1571; de Paris, 1572, in-fol., et 1573, in-8°; de La Rochelle, 1573 et 1593; de Paris, 1582, in-fol., 1586, in-8°, et 1588, in-fol.; de Genève, 1594, in-8°. Une édition ou plutôt une traduction en a été faite, au dernier siècle, par l'abbé Lambert, qui l'a publiée sous ce titre : *Mémoires de Martin et de Guillaume Du Bellay-Langey, mis en nouveau style;* Paris, 1753, 7 vol. in-12. On les trouve encore dans les tomes XVII, XVIII et XIX de la collection publiée par

M. Petitot. Il y en a une traduction latine de Hugues Sureau, sous ce titre : *Martini Bellaii Langœi Commentariorum de rebus gallicis libri X;* Francfort, 1575, in-fol. Enfin, on conserve à la Bibliothèque Nationale un exemplaire des *Mémoires*, chargé de notes manuscrites de François de Noailles, évêque d'Acqs.

Il ne nous reste que deux lettres écrites par Martin Du Bellay. Elles se trouvent aux Manuscrits de la Bibliothèque Nationale, l'une dans le n° 1832 de la bibliothèque Coislin, l'autre dans le n° 8604 du fonds de Béthune.

DU BELLAY (RENÉ).

René DU BELLAY eut une fortune moins brillante que ses aînés. Destiné dès son enfance à l'état ecclésiastique, il fut d'abord abbé commendataire de Saint-Laurent du Gué-Launay, au diocèse du Mans, et vint ensuite à Paris près de son frère Jean, qui fut chargé de le produire dans le monde et de le rendre habile à gouverner un diocèse. Admis au parlement de Paris, avec le titre de conseiller-clerc, il fut nommé, le 8 juin 1532, à l'évêché de Grasse; mais il ne s'éloigna pas de Paris, et, en 1533 ou 1534, il se démit de cet évêché en faveur de Benoît Taglicarne ou Taillecarne, abbé de Nanteuil-en-Vallée, au diocèse de Poitiers (1). Durant le second voyage que Jean Du Bellay fit en Angleterre, vers la fin de l'année 1533, René prit en main, sans mandat spécial, l'administration de l'église de Paris, et se trouva bientôt en présence de graves embarras. Des missionnaires luthériens avaient prêché dans plusieurs paroisses et s'étaient concilié d'assez nombreux partisans : René Du Bellay ne pouvant agir contre eux, on parlait à la cour de rappeler Jean de son ambassade, et l'on procédait au préalable contre les hérétiques incarcérés, sans avoir égard aux priviléges de la juridiction épiscopale. Mais il paraît que le maintien de ces priviléges n'était pas la seule affaire qu'eût alors à cœur Jean Du Bellay, comme le prouve la lettre suivante, qui lui fut écrite vers ce temps par son frère :

De Paris, jour Saint-Denis.

J'ai reçu vos lettres des 3 et 7 de ce mois. Pour à ce étant qui touche Beda, nous sommes tout prêts en nous mandant. Monseigneur l'archidiacre m'a promis des chevaux ; le procureur du roi a piéça envoyé à M. le légat tous les noms des conseillers qui sont en cette ville, pour prendre lesquels lui plaira..... Laforest lui a mandé que le premier lieu où le roi sera de séjour, on nous mandera. Cependant je ne bougerai... Touchant vos vins de

---

(1) Moréri, au mot *Taglicarne*.

Barbeau, il les faudra mettre ici, ou à la maison de Barbeau ; ladite maison dont écrivez est louée dès l'an passé à Magistri, qui y demeure. Je fis hier tâter de vos vins de Saint-Cloud au gros L'Ermitage, qui dit n'en avoir bu de cet an de si bon nouveau. Je les vous ferai bien garder. Touchant votre fauconnier, je ferai ainsi que m'écrivez... Il est vaqué cette semaine une cure de quatre-vingts à cent louis ; je l'ai mise en main sûre. Si ne me mandez le contraire, je la baillerai à Morelli ou à l'archidiacre de Brie, en récompense des leurs qu'ils ont prêtées. Mandez-moi votre vouloir, s'il vous plaît (1).

Il faut, pour comprendre cette lettre, connaître les mœurs du cardinal Du Bellay. Chargé des plus graves intérêts, et soucieux, nous n'en doutons pas, de remplir la mission difficile qui lui avait été confiée, il n'oubliait pas cependant, dans les antichambres de Windsor, les petites affaires de sa maison, et, comme on le voit, il joignait volontiers à ses dépêches diplomatiques quelque note confidentielle touchant ses vins de Barbeau. Assurément on aurait pu mettre le jeune évêque aux mains d'un précepteur plus austère.

Louis de Bourbon, évêque du Mans, ayant été transféré sur le siége de Sens, René Du Bellay reçut du roi l'église vacante. Nous n'avons pas d'autres renseignements sur son épiscopat que ceux qui nous sont fournis par Le Corvaisier. Les voici : « René, ayant « obtenu ses provisions en cour de Rome, prêta le

---

(1) Ms. de la Biblioth. Nationale, sous le n° 1832.

« serment de fidélité au roi, qui était alors à Fon-
« taine-Française, le 27 de septembre de l'an 1535,
« et, le huitième d'octobre ensuivant, Christofle Perot,
« seigneur de Pescoux, sénéchal du Maine, lui fit
« délivrance et main levée du temporel de son béné-
« fice. Peu de temps après, il fit son entrée solennelle
« dans la ville du Mans. Il gouverna paisiblement son
« diocèse, y faisant sa résidence ordinaire dans son
« château de Touvoie, où il menait une vie douce et
« tranquille, s'adonnant aux études convenables à sa
« profession et prenant ses divertissements innocents
« aux plaisirs de l'agriculture, du jardinage et de la
« curiosité des plantes rares, qu'il faisait venir de
« toutes parts pour en peupler son jardin, qui fut le
« premier qui fit voir que les ébéniers, les pistachiers
« et la nicotiane pouvaient se nourrir à l'air de cette
« province (1)... Le bon évêque fut député de son
« peuple pour aller à Paris remontrer au roi Fran-

---

(1) Au dire de Gesner, le jardin de Touvoie était alors le plus beau, le plus riche, non-seulement de la France, mais encore de l'Allemagne et de l'Italie. C'est ce que nous apprend aussi un des *Contes* de Bonaventure Des Perriers, dont tel est le début : « Plusieurs ont vu le nom de messire René Du Bellay, dernièrement décédé évêque du Mans, lequel se tenait sur son évêché studieux des choses de la nature, et singulièrement de l'agriculture, des herbes et du jardinage. Il avait en sa maison de Touvoie un haras de juments, et prenait plaisir à avoir des poulains de belle race. Il avait un maître d'hôtel qui mettait peine de lui entretenir ce qu'il aimait... » (Nouvelle 29, p. 125 de l'édit. de 1843.)

« çois Ier les misères de cette province, et demander
« quelque soulagement et décharge des subsides et
« des gens de guerre. Il obtint ce qu'il demandait
« par la faveur de ses frères, et, comme il était sur
« les termes de son retour, une maladie l'arrêta,
« dont il mourut à Paris, dans l'hôtel épiscopal, au
« mois d'août de l'an 1546... Son corps fut enterré
« en l'église de Notre-Dame, et son cœur porté au
« Mans et déposé en la chapelle de Notre-Dame-du-
« Chevet. »

On a de René Du Bellay deux lettres manuscrites adressées à son frère le cardinal. Elles se trouvent à la Bibliothèque Nationale, dans le n° 269 de la collection Dupuy et dans le n° 1832 de Coislin. Il a donné un nouveau Missel à l'église du Mans : *Missale ad usum ecclesiæ Cenomanensis*; Paris, 1541, in-8°; 1546, in-fol., et 1548.

DUBOIS (LOUIS).

Louis Dubois, en latin *Silvius*, était moine à la Coûture dans les premières années du xvie siècle. On a de lui deux pièces de vers, l'une latine, l'autre italienne, à la louange du traité de Charles Fernand, religieux de Saint-Vincent, qui est intitulé *Speculum monasticæ disciplinæ*; Paris, J. Bade, 1515, in-fol. Les vers sont en tête du volume. Louis Dubois, joignant à son nom l'épithète de *Sartanus*, nous apprend ainsi qu'il était né dans le Maine, ou, du moins, sur une des rives de la Sarthe.

DUBOUCHET (MICHEL).

Michel DUBOUCHET, sieur de La Forterie, né au Mans, mort à Paris vers l'année 1650, nous est signalé par Ansart, qui parle de lui dans ces termes : « Sa vie
« offre un contraste assez frappant. Il passa du sein
« des plaisirs et de la dissipation à la retraite et au
« régime le plus austère. L'ouvrage qui l'occupa dans
« sa solitude annonce qu'il était pleinement convaincu
« de la vanité des choses de ce monde, et qu'il n'aspi-
« rait qu'après le moment où il commencerait à jouir
« des biens réels et permanents. » C'est tout ce que nous apprenons sur la vie de Michel Dubouchet : Ansart, qui paraît en avoir su davantage, n'a pas cru devoir nous transmettre en quelles circonstances et pour quel motif ce gentilhomme quitta le monde et se fit ermite. Voici le titre de l'ouvrage mentionné par

Ansart : *Le Parc Royal, sa fondation et fermeté ; où sont représentées au vif les fortes colonnes et bases de son édifice, par de très-belles sentences tirées de divers sujets*, etc. ; Paris, in-8°, sans autre indication. On en désigne une autre édition, augmentée des *Remarques historiques* de Jean-Philippe Varin, de Berne ; Paris, Bouriquaut, 1612, in-8°.

DU BOULAY (César-Egasse).

César-Egasse Du Boulay, professeur d'éloquence au collége de Navarre, recteur, greffier, historiographe de l'Université de Paris, illustra par sa naissance, dans les premières années du xviie siècle, le petit village de Saint-Ellier, près Ernée, aux confins de l'Ille-et-Vilaine et de la Mayenne. Au témoignage d'Ansart, il était fils de Jean-Egasse Du Boulay et de N. Garnier, de Laval. Baillet avait commis l'erreur de le faire naître à Tours : Gilles Ménage la lui reprocha vivement. D'autre part, Guy Patin l'appelle « M. Boulay, Angevin ; » mais il n'y a pas à douter que le dire de Gilles Ménage ne soit le mieux fondé.

Le premier écrit de Du Boulay fut publié par Denys

Thierry, en 1650, in-fol., sous le titre de : *Le Trésor des antiquités romaines*. Il professait encore les humanités au collége de Navarre. Nous lisons dans la préface de cet ouvrage : « Je ne prétends ni honneur
« ni récompense pour le travail que je donne au
« public, et confesse librement d'être plagiaire, si
« tant est qu'on charge de ce crime ceux qui de plu-
« sieurs ouvrages n'en font qu'un... L'ordre et la
« suite des diverses matières que j'y mêle n'est pas
« non plus de mon invention absolument ; Rosin m'en
« a montré le chemin. » Ce J. Rosin (Roszfeld), antiquaire d'Eisenach, avait publié, à Bâle, en 1583, un fort volume in-fol., qui jouit encore d'une juste renommée, sous le titre de : *Antiquitatum romanarum corpus absolutissimum*. Du Boulay dit moins que la vérité quand il avoue lui avoir fait des emprunts considérables ; il faut convenir, avec Ansart, que l'ouvrage français est, pour ainsi parler, une traduction de l'ouvrage latin, abrégée dans certaines parties. Au reste, Du Boulay n'était pas lui-même très-ravi de son début littéraire : « On dit, écrit-il,
« que les singes ne trouvent rien de beau à l'égal de
« leurs petits magotins, et qu'après les avoir mis au
« monde ils ne cessent de les peigner et de les bai-
« soter, tant ils y trouvent d'agrément et de mignar-
« dise : je sais bien que l'on en peut autant dire de
« la plupart de ceux qui écrivent pour le public... »
Mais, en ce qui le concerne, il se défend beaucoup

d'avoir cette admiration plus ou moins paternelle pour le *Trésor des antiquités;* il va plus loin, il critique lui-même la méthode qu'il a pratiquée, il cherche querelle au typographe pour les erreurs les plus vénielles ; il est mécontent de lui-même, et, partant, il l'est d'autrui. Nous sommes moins sévères à son égard. Quelques modernes ont publié sur le gouvernement, les mœurs et les usages des Romains, des ouvrages mieux étudiés et rédigés avec plus de goût que celui-ci ; mais ils n'ont pas eux-mêmes dédaigné de compiler les compilations de leurs devanciers ; il y a, d'ailleurs, dans le *Trésor,* des chapitres pleins d'intérêt, dans lesquels plus d'un érudit a trouvé sa besogne faite.

En 1653, Du Boulay publia : *Recueil de pièces et actes sur l'état ancien et présent de l'Université de Paris;* en 1658, *Abrégé de l'histoire de l'Université de Paris touchant son origine, ses parties et ses deux gouvernements;* in-4°. Sur l'histoire si politique et si dramatique de l'Université de Paris on n'avait encore aucun livre ; Du Boulay fut le premier qui forma l'entreprise d'en explorer les vieilles archives. Il en tirera plus tard la matière d'un grand ouvrage, qui doit perpétuer le souvenir de son nom.

Deux ans après, en 1660, il donna l'écrit suivant : *Speculum eloquentiæ;* Paris, Thiboust, in-12. Ayant déjà professé durant seize années au collège de Navarre, il avait récemment pris le parti de quitter sa chaire, pour se retirer dans son pays. C'est, du moins, ce que nous apprend une épigramme insérée à la suite des préfaces du *Speculum :*

Cum petis emeritus mitti fructuque laborum,
 Rure tuo, et vita commodiore frui...

Mais suivit-il son dessein? Ayant mérité le repos, alla-t-il le chercher aux seuls lieux où, en effet, on le trouve, qui sont les champs où l'on est né? Nous l'ignorons : en tous cas, il ne paraît pas s'être accordé beaucoup de loisir, car, au mois de janvier de l'année 1662, il publiait l'opuscule suivant : *De Decanatu nationis gallicanæ*, Paris, Variquet, in-8°, et dans le titre de ce dernier écrit il ajoutait aux initiales de son nom les lettres R. U. P., qui signifient *rector Universitatis Parisiensis :* ainsi le modeste professeur du collége de Navarre était devenu l'éminent recteur de l'Université de Paris.

La vie du professeur n'avait guère été troublée ; il n'y a que des joies dans une réclusion laborieuse, ou du moins, si les contrariétés pénètrent partout, elles n'affectent pas le solitaire au même degré que l'homme du monde : comme il n'est pas tenu d'informer le public de ses ennuis, il ne souffre pas dans son amour-propre, ce qui est la plus cruelle des souffrances, et, après que le calme s'est rétabli, l'orage n'a pas laissé de trace. C'est dans la solitude que l'on jouit vraiment de soi-même. Quand on reçoit peu des autres, on leur doit peu. Ainsi, l'on est libre, puisque la liberté consiste surtout à ne pas s'obliger envers le monde au delà de ce qu'on peut lui rendre. Mais tout autre est la vie publique. Quand un homme qui a connu les douceurs de l'étude se laisse entraîner hors de sa retraite, et vient, trop généreux ou trop ambitieux, s'établir au milieu de la foule, que de troubles et que de regrets pour lui dans cette existence nouvelle ! Habitué au silence, il est d'abord étonné par le tumulte. Bientôt s'élèvent au-dessus du tumulte général des éclats de voix particuliers dont la grossièreté choque sa délicatesse : vainement il exhorte, il conseille les mutins ; ils ne l'écoutent pas, ils l'insultent : n'ayant connu jusqu'alors d'autre juge que sa conscience, il s'emporte contre les jugements aveugles de la multitude, et plus il s'agite, plus il s'afflige, plus on s'acharne contre lui. Telle est la vie de l'homme public.

Tant que Du Boulay avait occupé sa chaire de rhétorique au collége de Navarre, personne n'avait contesté son savoir et son mérite. A peine eut-il été pourvu de la dignité de recteur, qu'il fut en butte à des rivalités ardentes et qu'il fut à la fois dénoncé de toutes parts comme un ignorant et comme un impie. Il avait dû prévoir ce subit assaut d'outrages, puisqu'il avait étudié dans les archives de l'Université l'histoire de ses prédécesseurs au rectorat.

Après son petit livre sur le décanat, Du Boulay publia, dans le cours de l'année 1662, deux autres écrits, l'un et l'autre dignes d'être aujourd'hui recherchés par les érudits. L'un a pour titre : *De patronis quatuor nationum Universitatis Parisiensis* ; Paris, Thiboust, in-8° ; l'autre : *Carolomagnalia, seu feriæ conceptivæ Caroli Magni in scholis academiæ Parisiensis observandæ* ; Paris, Variquet, in-8°. Charlemagne n'a pas fondé, comme on l'a cru, l'Université de Paris, et c'est d'ailleurs un saint de fabrique très-suspecte ; cependant l'Université de Paris ne saurait rendre de trop solennels hommages à la mémoire de Charlemagne, le premier de nos rois barbares qui ait eu le goût des lettres et qui ait fait des règlements pour en prescrire l'étude. Depuis longtemps déjà Du Boulay travaillait à développer son histoire fort abrégée de l'Université de Paris. Les matériaux se trouvaient sous sa main ; mais c'était une grande affaire que de les ordonner. Jean de Launoy n'avait encore publié ni ses dissertations *De celebrioribus scholis*, ni son *Histoire du collége de Navarre*, et notre recteur ne pouvait faire un grand profit de l'écrit récent de Claude Hémeré sur l'*Académie de Paris*. Il lui fallait créer le plan de son livre, aussi bien qu'en distribuer les détails. Le temps qu'il avait pu dérober à sa classe de rhétorique, au collége de Navarre, il l'avait employé à compulser des manuscrits, à recueillir des pièces ; il nous dit lui-même qu'il s'occupa toujours un peu, durant quinze années, de ce travail préliminaire. Enfin il mit ses notes en ordre, et publia les trois premiers volumes de sa grande *Histoire* en l'année 1665 : *Historia Universitatis Parisiensis, auctore Cæsare Egassio Bullæo*; Paris, 1665-1673, 6 vol. in-fol. Nous n'avons pas besoin de signaler l'importance de cet ouvrage, car on trouverait à peine un demi-savant qui ne l'ait consulté, et qui n'y ait trouvé des renseignements utiles : il est superflu d'ailleurs d'en apprécier la valeur littéraire, Du Boulay nous prévenant lui-même qu'il n'a pas entendu faire un de ces livres qu'on lit avec suite. C'est un recueil de pièces, les unes sommairement analysées, les autres en entier reproduites, presque toutes pour la première fois mises en lumière. Nous le trouvons fait avec assez de soin : les textes que l'auteur a transcrits sont souvent défectueux, les dates qu'il leur a données ne sont pas toutes exactes, il y a dans le récit des faits beaucoup de confusion, les parties les plus développées ne sont pas les plus intéressantes, et l'on regrette surtout que les tables de ces immenses volumes offrent les plus trompeuses lacunes ; mais quel trésor, quelle mine pour les historiens (1) !

(1) Notre confrère, M. Charles Jourdain, a rendu beaucoup plus facile la recherche et l'étude de toutes les pièces publiées dans la grande *Histoire* de Du Boulay au moyen d'un *index* intitulé : *Index chronologicus chartarum pertinentium ad historiam Universitatis Parisiensis, ab ejus originibus ad finem sexti decimi sæculi*; Paris, 1862, in-fol.

Cette publication causa beaucoup de soucis au laborieux recteur. Ses ennemis commencèrent par rechercher dans les trois premiers volumes de son *Histoire* ce que telle ou telle des puissantes facultés pouvait être surprise ou fâchée d'y trouver ; ils signalèrent ensuite ces passages et provoquèrent en divers lieux des plaintes plus ou moins vives. La faculté de théologie, toujours plus chatouilleuse que les autres, se souleva contre certaines assertions de l'auteur, et les condamna publiquement. Du Boulay n'avait pas été suffisamment respectueux à l'égard des théologiens scolastiques, et la faculté de théologie se croyait encore obligée de défendre leur mémoire ; il avait d'ailleurs manifesté des sentiments trop charitables à l'égard de Gotschalc, de Bérenger, d'Abailard, et cela ne pouvait lui être pardonné ; ensuite, il avait émis quelques conjectures sur l'histoire de l'église primitive qui ne pouvaient être bien agréées par les tuteurs officiels de l'orthodoxie ; enfin, et c'était là son principal crime, il s'était permis de prouver, malgré les prétentions de la faculté de théologie, que, selon les termes des statuts anciens, les quatre nations de la faculté des arts avaient droit à quatre voix dans les assemblées de l'Université.

La censure prononcée par la faculté de théologie contre le recteur fut rendue publique dans l'écrit suivant, qu'on attribue à Guillaume de Lestocq, professeur en Sorbonne : *Excerpta ex opere mag. Cæ-*

saris Egasse, *cognomento Bullœi, alias* Du Boulay, *quod inscribitur Historia Universitatis Parisiensis;* Paris, 1667, in-fol. Du Boulay ne pouvait manquer de répondre à ses censeurs. Il publia d'abord : *Notæ ad Censuram editam nomine facultatis theologiæ Parisiensis;* 1667, in-4°. A la même polémique appartient sans doute cette élégie latine dont un exemplaire manuscrit a été lu par l'abbé de La Crochardière : *Ad Zoylosicophantam, sive Bulæistarum obtrectatorem.* Ainsi Du Boulay, condamné, s'empressa d'appeler en vers latins, en prose latine, de la sentence contre lui rendue. Un autre appel en prose française lui réussit mieux : il fut adressé par cinquante ou soixante docteurs en théologie, ses partisans, au parlement de Paris, et, le 31 août 1667, le parlement se prononça, leur faisant droit, contre la faculté.

Cependant les récriminations continuèrent quelque temps encore de part et d'autre, Du Boulay se plaignant d'avoir été condamné par condescendance pour les ressentiments personnels de quelques orgueilleux, et la faculté suppliant le conseil du roi d'instruire de nouveau ce grave procès. Tels étaient, en effet, la condition et le rang des parties contendantes, que la couronne crut devoir intervenir pour apaiser une querelle qui avait jeté le trouble dans l'Université.

Du Boulay n'était plus recteur en l'année 1668, lorsqu'il publiait : *Remarques sur la dignité, rang, préséance, autorité et juridiction du recteur de l'Université de Paris ;* Paris, de Bresche, in-4°. A la même date appartient l'écrit suivant : *Factum ou Remarques sur l'élection des officiers de l'Université;* même libraire et même format. Il combattait alors, comme on dit, pour les principes ; n'ayant plus aucun intérêt à faire valoir les droits contestés du rectorat, il plaidait pour eux en historien, avec les témoignages de l'histoire. Bientôt après parurent d'autres volumes de son grand ouvrage. La Sorbonne, qui avait beaucoup murmuré contre les trois premiers, n'avait rien trouvé à reprendre dans le quatrième. En l'année 1670, quand le cinquième était sous presse, le roi chargea Barillon-Morengis, conseiller d'état, et Mézeray, historiographe de France, de lui donner sur les cinq volumes un avis motivé. Ces arbitres rendirent le meilleur témoignage des intentions de l'auteur ; mais afin de ménager « une compagnie si célèbre » que la Sorbonne, ils invitèrent Du Boulay à expliquer quelques passages de ses premiers volumes dans la préface du cinquième ; ce qu'il fit, et, le 10 décembre 1670, fut réformé l'arrêt par lequel la vente de l'ouvrage incriminé avait été quelque temps interdite.

Nous ignorons à quelle date Du Boulay publia l'écrit suivant : *Bullæi appreciatio collegii Navarræ ad Mazarinum ;* in-4°. Cette pièce nous est signalée dans une histoire manuscrite du collége de Navarre par l'abbé Drouin. Il fit paraître en 1674 : *Recueil des priviléges de l'Université de Paris, accordés par les rois de France*; in-4°; l'année suivante : *Fondation de l'Université de Paris par l'empereur Charlemagne*, ensemble de la propriété et seigneurie du Pré-aux-Clercs ; cette même année 1675 : *Mémoires historiques des bénéfices qui sont à la présentation et à la collation de l'Université de Paris, et Remarques sur les fonctions et prérogatives du procureur fiscal de l'Université*; in-4°. Personne n'avait fait jusqu'alors d'aussi patientes recherches dans les registres de l'académie de Paris, personne ne s'était rendu plus capable que le ci-devant recteur de discerner, parmi les coutumes en vigueur, les droits anciens des abus nouveaux, et, comme il écrivait pièces en main, sans ménager aucune des dignités, aucune des puissances, il entretenait par sa trop grande franchise les inimitiés qu'il n'avait pas d'abord volontairement provoquées.

Le sixième et dernier volume de l'*Historia Universitatis* avait été mis au jour en 1673. Ce fut une occasion pour un docteur en Sorbonne, nommé Remi Duret, de publier contre Du Boulay le plus outrageux libelle. Celui-ci fit appel à la nation de France, qui, dans plusieurs réunions générales, l'une du 24 mars 1676 et l'autre du 12 mars 1678, condamna le libelle de Duret en des termes fort énergiques. Du Boulay n'avait pas dédaigné de se défendre lui-même.

Il avait instruit le procès et préparé la sentence des juges en leur adressant plusieurs factums que nous ne possédons pas (1). Il mourut le 18 octobre 1678. On n'a pas d'autres renseignements sur les dernières années de sa vie.

DU BOULAY (PIERRE-EGASSE).

Pierre-Egasse Du Boulay, frère de César, né comme lui, selon toutes les vraisemblances, à Saint-Ellier, fut professeur au collége de Navarre. On lui doit un petit volume, aujourd'hui très-rare, qui est intitulé : *Gemma poetarum, ex Ovidio, Propertio et Tibullo* ; Paris, 1662, in-8°. Pierre Du Boulay survécut à son frère et se montra plein de zèle pour sa mémoire. Comme l'on continuait à discourir, à plaider contre César, même après sa mort, Pierre écrivit pour le défendre un factum qui fut aussi vivement attaqué.

(1) Nous empruntons la plupart de ces détails peu connus à un *Factum pour justifier la mémoire de feu M° Egasse Du Boulay*, qui se trouve dans un recueil de la bibliothèque du Mans, n° 3823, T. Ce factum, dont l'auteur est Pierre Du Boulay, donne les titres des écrits que César publia contre Duret.

Le factum fut alors suivi d'une réponse : *Réponse pour Pierre-Egasse Du Boulay, ancien professeur de l'Université de Paris, contre la plainte de Claude Nouet et de Pierre Robert, avocats*; in-fol.

DUBREUIL (MICHEL).

Michel DUBREUIL, né au Mans en l'année 1450, frère de Jean Dubreuil, procureur général du Maine, fit, au témoignage d'Ansart, « les délices de la cour « de Louis XII et de François Ier, par sa politesse, « l'agrément de sa conversation et ses œuvres poéti- « ques. » Il passa les dernières années de sa vie dans sa ville natale et y mourut en 1526.

On n'a conservé de ses œuvres poétiques qu'une épigramme latine, de douze vers, à la louange du traité de Jean Ferraut qui a pour titre : *De juribus et privilegiis regni Francorum*. Cette épigramme se lit en tête de ce traité, dans la première édition qui en a été faite (1).

(1) Ce Jean Ferraut est mis par quelques biographes, et notamment par Ziletti et dom de Gennes, au nombre des écrivains du Mans ; mais c'est là une erreur. Il était, il est vrai, procureur du roi au Mans, et, en cette qualité, il fut un des

Un de ses parents, Claude Dubreuil, était, en 1545, receveur des domaines du roi dans le comté du Maine. Il est parlé de ce Claude Dubreuil, le 29 mai 1550, dans les registres du parlement de Paris. Il poursuivait alors devant le grand-conseil Jean Corbin, conseiller en la cour, qui s'était, disait-il, mal acquitté de certaines commissions contre les hérétiques du Maine. Il perdit son procès.

DUBUISSON (PAUL-ULRICH).

Paul-Ulrich DUBUISSON, né à Laval en 1746, est moins connu par ses nombreux écrits que par sa fin

commissaires nommés pour la correction et la promulgation des Coutumes du Maine, en 1508; mais Ch. Dumoulin nous apprend qu'il était d'Angers. Nous lisons dans la seconde partie de l'*Histoire de Sablé* de Gilles Ménage : « Il était fils de Jean Ferraut, garde de la Monnaie et échevin de la ville d'Angers, et maire de la même ville en 1430 et 1431. Il avait été disciple de Côme Guimier. » Il y a plusieurs éditions de son traité *De juribus et privilegiis regni Francorum*. Ménage mentionne celle de Jean Petit, gothique, in-8°. Ce traité a été réimprimé par Charles Dumoulin, au tome III de ses œuvres, édit. de 1612, et par Ziletti, *Jus Gregorianum*, t. XVI, p. 174. Dom Liron a parlé de Ferraut au tome III de ses *Singularités*, p. 389. Dans sa *Bibliothèque des Hist. de France,* le P. Lelong a commis au sujet de ce jurisconsulte plusieurs erreurs qui n'ont pas été corrigées par Fevret de Fontette.

tragique. Après avoir suivi son père dans les colonies, il revint en France, étant fort jeune encore, et, ayant choisi pour carrière celle des lettres, il publia d'abord : *Le Tableau de la Volupté, ou les Quatre parties du jour;* poëme en vers libres; Cythère (Paris), 1771, in-8°. Ce poëme ne fut pas remarqué. Dubuisson annonça bientôt qu'il voulait être compté pour autre chose que pour un fade imitateur du cardinal de Bernis : dans ce dessein, il publia : *Abrégé de la révolution de l'Amérique anglaise;* Paris, Jombert, 1778, in-12. Bientôt après on vit paraître : *Lettre à M. L...;* Paris, 1780, in-8°, et *Nouvelles considérations sur saint Dominique, en réponse à celles de M. H. D.* (Hilliard d'Auberteuil) ; Paris, Jombert, 1780, in-8°. Ces écrits politiques n'eurent pas beaucoup plus de succès. Dubuisson, résolu de s'essayer dans tous les genres, avait encore, dans le même temps, composé des tragédies ; mais il n'avait pu les faire représenter. Il obtint en l'année 1780 cette première représentation si désirée. Ce ne fut pas toutefois sans l'avoir beaucoup sollicitée ; disons mieux, sans avoir gagné par une bassesse les bonnes grâces des comédiens. Voici dans quelles circonstances.

On avait fait à la Comédie française un nouveau règlement. Les auteurs ne l'approuvant pas, leurs délégués, appelés commissaires du bureau de législation des auteurs dramatiques, écrivaient, plaidaient, protestaient de toutes façons contre le nouveau régime.

Devant le duc de Duras, choisi pour arbitre de cette querelle, le fougueux Beaumarchais parlait pour les auteurs, le prudent Gerbier pour les comédiens. On attendait la décision de l'arbitre, quand deux auteurs obscurs, Dubuisson et Durosoy, écrivirent aux comédiens, désavouant et blâmant leurs confrères, adhérant même avec reconnaissance à toutes les clauses du règlement par eux attaqué (1). Ces deux lettres causèrent dans le parti des auteurs une vive émotion ; mais elles furent très-agréables aux comédiens, qui s'empressèrent de mettre à l'étude une tragédie de Dubuisson, en cinq actes, intitulée *Nadir ou Thamas-Kouli-Kan.*

Elle fut jouée le 31 août 1780 par Larive, Monvel, Mlle Saintval, et fut diversement appréciée. La coalition des auteurs, on ne s'en étonnera pas, la trouva détestable ; mais le public désintéressé plus d'une fois applaudit. L'auteur ferma ses oreilles aux sifflets, n'entendit que les applaudissements, et quand les journaux, analysant sa pièce, en rendirent un compte peu flatteur, il proféra contre ses censeurs les mots les plus véhéments. Ces mutuelles invectives étaient dans les habitudes littéraires de ce temps-là : les poëtes et les critiques s'adressaient, dans les gazettes et dans les préfaces, des épithètes fort injurieuses, et le public

---

(1) *Mémoires secrets de la République des lettres,* t. XV, p. 262.

se rangeait volontiers dans le parti de ceux qui faisaient le plus de bruit. *Nadir* est une de ces tragédies dépourvues de toute originalité, qu'on ne lit plus aujourd'hui, et sur lesquelles on est dispensé de porter un jugement. Comme au dénouement on voit trois cadavres tomber sur la scène, cet horrible tableau dut émouvoir quelques spectateurs, et l'auteur dut prendre cette émotion pour un hommage à son mérite. Si la pièce obtint un assez grand nombre de représentations, ce succès fut celui des acteurs, surtout de Monvel, qui jouait d'une manière très-remarquable le méchant rôle de Mirza. *Nadir ou Thamas-Kouli-Kan* parut la même année chez le libraire Jombert, in-8°.

Après cette tragédie une comédie, représentée pour la première fois au Théâtre-Français, le 16 décembre 1782 : *Le Vieux Garçon*, comédie en cinq actes, en vers, par l'auteur de *Thamas-Kouli-Kan;* Paris, Jombert, 1783, in-8°. Dubuisson avait été blessé, mais non pas découragé par la critique : il croyait trop sincèrement à son génie pour se résigner à fuir le théâtre devant les clameurs de quelques journalistes plus ou moins bien famés. Il avait, d'ailleurs, le verbe haut, la main alerte, et savait menacer les gens de façon à les faire trembler. Ainsi l'abbé Aubert, qui avait maltraité *Nadir* dans ses *Petites Affiches*, trouva plus tard dans cette tragédie des beautés qu'il n'avait pas d'abord aperçues, et le rédacteur des *Mémoires secrets* nous apprend comment

Dubuisson obtint de lui le désaveu public de son premier jugement (1). Il eut moins facilement raison des comédiens et des comédiennes. Molé, Préville, Fleuri, Mlle Contat, qui s'étaient partagé les rôles du *Vieux Garçon*, eurent, pendant quelques mois, bien des démêlés avec l'auteur qui se plaignait amèrement de leur négligence. Quand les répétitions commencèrent, Dubuisson se vit en présence d'un ennemi de sa gloire qu'il fut inhabile à combattre. Préville avait arraché aux mains cruelles de quelques vauriens un jeune chien, pour lequel il avait conçu les plus tendres sentiments. A toutes les répétitions il se faisait accompagner par son intéressant pupille et l'abreuvait de limonade : on ne parlait, on ne s'occupait que de lui ; de l'auteur et de sa pièce, peu ou point. Le jour fixé pour la représentation arrivait, et c'est à peine si les rôles avaient été lus. Dubuisson était accablé : vainement il s'épuisait en remontrances, on ne l'écoutai pas, ou, ce qui était plus fâcheux encore, on s'emportait contre ce malappris qui osait admonester messieurs de la Comédie française. La veille de la représentation, il se vit traiter fort rudement par le premier amoureux de la troupe, le sieur Molé. Il s'agissait d'un effet de scène, d'un mouvement pathétique, entraînant, irrésistible, que Molé ne comprenait pas, ou comprenait mal. Dubuisson voulut suppléer par

---

(1) T. XVI, p. 26.

un avis opportun à ce défaut d'intelligence : — « Monsieur l'auteur, lui dit Molé, sur le ton le plus tragique, nous ne sommes pas des acteurs de Quimper-Corentin, et nous savons ce que nous avons à faire. » Et monsieur l'auteur dut se taire, humilié, confondu. Enfin, le 16 décembre 1782, le *Vieux Garçon* parut sur la scène. Cette comédie, tour à tour burlesque et tragique, n'obtint pas un éclatant succès, et cependant nous l'estimons un des meilleurs ouvrages de Dubuisson. C'est une critique du célibat, en vers faciles, qu'on lit encore volontiers et dans laquelle on ne trouve pas un trop grand nombre de tirades sentimentales. L'auteur des *Mémoires secrets* (1) signala, dans cette pièce, des détails grossiers, qui répugnent à la comédie. En effet, il y en a de tels; mais aujourd'hui, où l'on a moins de scrupules, nos auteurs et nos critiques chercheraient peut-être en vain dans le *Vieux Garçon* les passages blâmés en 1782. Autre temps, autre goût.

L'année 1785 vit paraître : *Lettres critiques et politiques adressées à M. G. T. Reynal;* Genève et Paris, in-12. Dubuisson avait composé cet ouvrage avec la collaboration de Dubucq. Dans la même année, le 1er mai, il donnait au Théâtre-Français *Albert et Emilie*, tragédie en cinq actes, librement traduite de

---

(1) Elle fut publiée à Paris, chez Desenne, et à Bruxelles, en 1788, in-8º. — Voir *Mémoires secrets*, t. XXIX, p. 1.

l'allemand (*Agnès de Bernaud*). Jusqu'au troisième acte le public entendit avec indifférence réciter les vers faciles de Dubuisson ; au troisième acte il applaudit quelques tirades vigoureuses ; mais au quatrième les sifflets commencèrent, et ils devinrent, au cinquième, si véhéments que l'auteur se vit contraint de retirer sa pièce (1). L'année suivante, il ne fit pas représenter moins de cinq ouvrages lyriques ou dramatiques ; il occupait tous les théâtres de Bruxelles, de Paris et des environs. Il faut nommer d'abord : *Hélène et Francisque* (*Nozze di Dorina*), opéra-comique en quatre actes, joué tour à tour sur les théâtres de Versailles et de Bruxelles ; Paris, Desenne, 1786, in-8°. La musique de cet opéra est de Sarti, et Dubuisson n'a fait que traduire un livret italien pour transporter l'ouvrage de Sarti sur la scène française. Il a rendu le même service à Paësiello, en traduisant les paroles italiennes du livret intitulé : *Le roi Théodore à Venise*, opéra héroï-comique, en quatre actes, qui fut représenté, comme le précédent, sur les théâtres de Versailles et de Bruxelles ; Bruxelles, Hayez, 1786, in-8°.

Vers le même temps il reparaissait au Théâtre-Français avec une tragédie nouvelle, en cinq actes, intitulée *Scanderberg*, sur laquelle il fondait les plus belles espérances. On la représenta pour la première

---

(1) *Mémoires secrets*, t. **XXI**, p. 64.

et pour la dernière fois le 9 mai 1786. Dès le début du quatrième acte les sifflets se firent entendre, et le rideau fut baissé avant la fin du cinquième. Comme les journalistes se trouvèrent du même avis que le public, Dubuisson prétendit exercer sur l'un d'eux une vengeance digne d'un poëte tragique ; mais les rieurs s'obstinèrent à ne pas aller de son côté. Sa pièce ne pouvant être jouée malgré les journalistes et le public, Dubuisson put encore espérer qu'elle réussirait mieux à la lecture qu'à la scène, et, dans cet espoir, il la fit imprimer sous ce titre : *Scanderberg*, tragédie *mutilée* sur le Théâtre-Français, le 9 mai 1786, et ensuite *dévorée* par les journalistes ; Paris, Desenne, 1786, in-8°. Mais le public ne s'était pas trompé et les journalistes n'avaient pas été trop sévères : *Scanderberg* est bien, en effet, un des plus pauvres ouvrages qui aient jamais été représentés ; on n'y rencontre que des situations fausses, des déclamations ridicules, des vers incorrects et plats, et l'auteur ne nous cause aucune surprise lorsqu'il nous raconte, dans une préface, que Larive lui-même, le superbe, l'altier Larive, ne put réciter les plus pompeuses tirades de ce poëme sans provoquer le rire du parterre. Cette chute, accompagnée de lazzis, fut le dernier outrage que Dubuisson voulut subir à Paris. Après *Scanderberg*, il ne fit plus aucune lecture au Théâtre-Français. Mais avec quel désespoir il quitta ces lieux, où pourtant il avait éprouvé de si cruelles disgrâces ! Le voit-on bien prenant des airs d'Ajax, pour interpeller en ces termes les persécuteurs de son génie méconnu : « Sept tragédies, une comédie en « cinq actes, un grand opéra, trois opéras-comiques, « le tout composé en moins de six années, outre « quelques ouvrages en prose, tels ont été mes tra- « vaux au milieu de soins et de traverses de toute « espèce. Que tous ces journalistes si acharnés contre « moi se réunissent ensemble et présentent la masse « de leurs ouvrages ; nombre, genre, mérite, tout « est de mon côté... Cette fois-ci, c'est le signal de « la retraite ; et qu'on ne la regarde pas comme une « ridicule boutade : il faut bien abandonner une car- « rière où je ne me soutiendrais plus, puisque les « instruments mêmes que j'employais pour ma vic- « toire sont devenus ceux de ma défaite ; je veux « parler des comédiens... Je secoue enfin le joug « humiliant de la dépendance où se trouvent les au- « teurs dramatiques, etc., etc. (1). » Cependant, malgré le ton solennel de cette déclamation, il ne renonça pas encore à chercher des auditeurs favorables. Les acteurs et le public de Paris montrant désormais les mêmes dispositions à son égard, il alla courir après d'autres épreuves. C'est alors qu'il quitta la France et de nouveau se rendit en Amérique, puis en Belgique.

---

(1) Préface de *Scanderberg*.

Ce ne devait pas être un long exil. Les théâtres de Bruxelles et de Gand accueillirent avec indulgence plusieurs de ses ouvrages, entre autres *Le Nouveau Sorcier*, comédie en trois actes, mise en musique par A. Paris. Cette pièce fut représentée pour la première fois sur le théâtre de Gand, le 29 janvier 1785 ; elle le fut ensuite à Bruges, à Liége, à Sedan et à Amsterdam, pendant les années 1786 et 1787. C'est une pastorale grivoise. Elle fut imprimée à Amsterdam, chez Guérin, en 1787, in-8°. De retour en France, Dubuisson traduisit des livrets italiens et espagnols pour les théâtres lyriques : *Le Marquis de Tulipano*, musique de Paësiello, 1787 ; *Gianina et Bernadone*, en deux actes, musique de Cimarosa, 1787 ; *L'Italiana in Londra*, en trois actes, musique du même, 1787 ; *Le Gelosie villane*, en un acte, musique de Sarti, 1787 ; *Le Maître généreux* (*Gli schiavi per amore*), en quatre actes, musique de Paësiello, 1788 ; *La Grotta di Trofonio*, en trois actes, musique de Salieri; représenté à Saint-Cloud, 1788 ; *Les Philosophes imaginaires*, en trois actes, musique de Paësiello, 1789 ; *Le Directeur dans l'embarras* (*Impressario in angustie*), en deux actes, musique de Cimarosa, 1789 ; imprimé à Bruxelles, chez de Roubers, en 1790, in-8° ; *Les Epoux mécontents*, en quatre actes, musique de Storace, 1790 ; *L'Arbre de Diane*, en trois actes, musique de Vincent Martini, 1790 ; représenté d'abord à Bruxelles, puis à Paris; *Les Curieux indiscrets*, en quatre actes, 1790; *La Revanche*, ou *Les Deux Frères*, musique de Cambini, au théâtre Beaujolais, 1790 ; *La Villageoise enlevée*, en trois actes, musique de Bianchi, aux théâtres de La Montansier et de la rue de Bondy, 1789 et 1790 ; *Les Trois Mariages*, en trois actes, au théâtre de la rue de Bondy, musique de Paësiello ; *Laurette*, en trois actes, musique de Haydn, au théâtre de Monsieur (Feydeau), 1791 ; *Le Mari soupçonneux*, en trois actes, 1791, au théâtre de Louvois; *Zelia*, drame en trois actes, musique de Deshayes, 1791, imité de la *Stella* de Gœthe, et publié à Paris, chez Barba, en 1794, in-8°; *Flora*, en trois actes, musique de Fay, au théâtre de Louvois, 1792. Presque tous ces ouvrages sont, comme on le voit, des traductions.

Il avait, en outre, fait représenter sur le théâtre du Marais, en 1791, *Thrasime et Timagène*, tragédie en cinq actes. C'était une pièce déjà vieille de quelques années. Trois mois après la représentation du *Vieux Garçon*, Dubuisson avait été la soumettre au tribunal redouté de la Comédie française ; mais sur treize juges sept l'avaient refusée. Pour venger son honneur si maltraité, celui-ci n'avait pas manqué de réclamer, selon sa coutume, contre des arbitres iniques, arrogants, vendus à la cabale ; il avait fait mieux encore, il avait donné sa pièce à des comédiens de province et l'avait fait imprimer à Paris, chez Desenne, en 1787. Quand enfin elle parut au théâtre du Marais, elle y fut bien accueillie. On estime que c'est un des meilleurs ouvrages de l'auteur (1).

Mais les émotions de la scène n'avaient pu suffire à Dubuisson. La révolution étant enfin venue, il s'était mis dès l'abord à son service. On le voit en 1792 au club des Jacobins, où son zèle le fait remarquer. Il est donc bientôt chargé d'une mission importante. Dumourier allant envahir la Belgique, il l'accompagne avec le titre de commissaire du pouvoir exécutif. Le zèle ne supplée pas à toutes les aptitudes, et, si zélé qu'il fût, Dubuisson n'était pas homme à persuader, à contenir Dumourier. Informé de ses mauvais desseins, il s'efforça vainement de l'en détourner : ni lui, ni Proly, ni Pereira, ses collègues, n'eurent sur l'esprit troublé du général l'autorité nécessaire pour empêcher sa défection. L'insuccès de leurs remontrances les ayant fait plus tard accuser de mollesse, ils se justifièrent et furent absous le 6 avril 1793. De retour à Paris, où l'exaltation était extrême, où l'inquiétude, la défiance et cet insatiable appétit de toute liberté qui est le délire des nouveaux affranchis faisaient dire et applaudir tant de folies, Dubuisson, écrivain sans goût, politique sans discernement, se jeta comme à l'étourdie dans le parti le plus violent, le plus déré-

---

(1) La *Biographie universelle des Contemporains* attribue encore à Dubuisson trois opéras qui n'ont pas été joués : *Cora et Alonzo*, musique de Rigel; *Bellérophon*, de Quinault, réduit ... actes; *Alexandre et Thémistée*, en trois actes.

glé, et devint, avec Tallien, Chabot, l'abbé Roux, Dufourni, un des fondateurs et des orateurs du club de l'Évêché. C'est pourquoi, le 23 mars 1794, convaincu d'avoir pris part aux excès d'une faction trop tard condamnée, il fut conduit sur l'échafaud révolutionnaire avec ses amis Hébert, Ronsin, Chaumette, Momnoro. Sur sa mort on a fait ces vers odieux :

>De Dubuisson la parque impitoyable
>De son heureux destin vient d'abréger le cours ;
>Il était l'Orphée de nos jours,
>Et le ferme appui de la table.

>De son sort, chers amis, pourquoi nous attrister ?
>Nous devons partager sa gloire.
>Apollon dans les cieux le retient pour chanter,
>Et Bacchus pour son maître à boire.

Si l'on ne connaît pas l'auteur de ces vers, on n'hésite pas à supposer qu'il était du parti vengeur de l'autel et du trône. Ce parti faisait alors beaucoup de petits vers. Quand la révolution dévorait ses enfants, il chantait.

DUGUÉ (CLAUDE).

Claude DUGUÉ, en latin *Vadanus*, né à Auvers-le-Hamon, dans le canton de Sablé, « homme docte ès

« langues hébraïque, grecque et romaine (1), » est auteur de différentes traductions, dont quelques-unes nous sont connues. — *Le Concile provincial de Cologne, auquel est traité saintement et doctement de l'office, doctrine, vie et mœurs des évêques, abbés,* etc., etc.; Paris, G. Chaudière, 1575, in-8°; daté d'Auvers-le-Hamon, 1575, avec une dédicace à Jean de Lavardin, abbé de l'Etoile. Plus d'un concile a été tenu dans la ville de Cologne : outre celui de l'année 346, dont les actes sont fabuleux et supposés, même au jugement des annalistes les plus crédules, on en compte environ treize autres. Il s'agit ici du concile assemblé par Herman de Meurs, en 1536, concile célèbre dont les canons ont été souvent imprimés à Cologne, à Paris et à Lyon. — *Dévotes et chrétiennes institutions, pour l'usage de la confrairie de la très-heureuse Vierge Marie;* Paris, G. Chaudière, 1579, in-16. La Croix du Maine ne dit pas si cet ouvrage est original ou traduit. Du Verdier le donne pour une traduction : mais de quel auteur? nous l'ignorons. Suivant La Croix du Maine, Claude Dugué avait achevé, en 1584, mais n'avait pas encore fait imprimer les traductions suivantes : — *Brève règle du novice spirituel,* du latin de Louis de Blois, ou Blosius ; — *Histoire tragique des hérétiques,* du latin de Guill. Lindanus, qui occupait alors le siége

---

(1) La Croix du Maine.

épiscopal de Ruremonde, et dont les écrits avaient acquis déjà beaucoup de célébrité. La Croix du Maine attribue encore à Claude Dugué : *Recueil de prophéties de plusieurs auteurs sur le gouvernement de l'Eglise;* — *La Défense de l'ordre et honneur sacerdotal contre les hay-prestres et hay-messes.* Il ne paraît pas que ces deux ouvrages, perdus aujourd'hui l'un et l'autre, aient été de simples traductions.

Claude Dugué vivait encore en l'année 1584 ; il habitait Paris. Colomiès lui a donné place, sur le témoignage de La Croix du Maine, dans sa *Gaule orientale*. M. Cauvin le compte parmi les bienfaiteurs de l'école d'Auvers-le-Hamon (1).

DU GUESCLIN (RENÉ).

Fils de Gabriel Du Guesclin, conseiller au parlement de Bretagne, et de Renée Neveu, fille de Rolland, bailli de Sablé, René Du Guesclin, né à Sablé le 1er décembre 1614, prétendait appartenir à la famille de l'illustre connétable. Gilles Ménage n'hésite pas à confirmer cette prétention, qu'il appelle incontes-

---

(1) *Recherches sur les établissements de charité et d'instruction publique*, p. 131.

table. Quoi qu'il en soit, ce René Du Guesclin, le plus pacifique des hommes, fut conseiller au grand-conseil, et, après avoir vécu sans bruit, sans éclat, mourut dans sa ville natale, le 26 octobre 1677. On l'enterra dans l'église de Saint-Martin. Il était, dit-on, savant dans l'histoire, les généalogies, la peinture et l'agriculture. « J'ai vu de lui, dit Ménage, entre les mains
« de son fils, l'histoire généalogique de la maison de
« Du Guesclin, avec les alliances de cette maison et
« avec les armes de toutes ces alliances peintes de sa
« main admirablement. Ce livre, qui est un gros
« volume in-fol., est tout écrit de sa main très-élé-
« gamment (1). » Ce fils de René Du Guesclin, appelé René comme son père, était, vers l'année 1690, lieutenant de cavalerie dans le régiment d'Enghien. On ignore ce qu'est devenu le beau manuscrit qu'il fit voir à Gilles Ménage.

DUHAIL DES OUCHES (LOUIS-ÉTIENNE).

Né au Mans le 22 septembre 1758, DUHAIL DES OUCHES embrassa la cause de la révolution avec ardeur et siégea dans le conseil municipal de sa ville natale,

---

(1) *Histoire de Sablé*, deux. part., p. 88.

en 1790. Etant ensuite venu à Paris, il fut employé près de la commission des relations extérieures. C'était un ami de Levasseur, qui le recommanda vivement à Robespierre, le désignant comme pouvant être utile au ministère de l'instruction publique (1). Les circonstances n'ayant pas favorisé son parti, il fut envoyé consul à Baltimore, où il mourut en 1797. Il a laissé, dit-on, quelques ouvrages manuscrits ; mais il n'a publié qu'une *Ode sur le vaisseau le Vengeur;* Paris, an II, in-8°.

DUPERRAY (MICHEL).

Michel DUPERRAY, né au Mans vers l'année 1640, dans la paroisse de Saint-Jean-de-la-Cheverie, se fit recevoir avocat au parlement de Paris, le 11 février 1661 (2). Nous ignorons s'il brilla par l'éloquence. Ses livres sont d'un écrivain médiocre : mais, parmi les avocats les plus admirés, combien ont laissé des écrits plus médiocres encore ! Quoiqu'on improvise peu, l'art de parler et l'art d'écrire diffèrent beaucoup. Il est, du moins, certain que Michel Duperray fut un des canonistes les plus savants du

---

(1) *Papiers trouvés chez Robespierre,* p. 140.
(2) **Tableaux de l'ordre.**

xviiᵉ siècle. La réputation qu'il eut dans son ordre le fit élire bâtonnier, le 17 mai 1715. Il mourut le 25 avril 1730, rue de l'Eperon, à Paris, étant alors le doyen des avocats au parlement.

On a conservé plusieurs de ses factums judiciaires. Sur un de ces factums un confrère, qui était son contemporain, a fait à la main cette courte annotation : « Le gothique et confus Duperray (1). » Son style est, en effet, le vieux style du palais, cette langue « lati- « niforme » dont l'obscurité fatigue, dont le pédantisme choque, et qui n'était déjà plus à la mode quand il faisait ses débuts au parlement ; mais c'était sa manie de parler encore, au temps de d'Aguesseau, la langue d'Hotman et de Dumoulin.

Ses ouvrages, qui sont nombreux, concernent tous le droit ecclésiastique. Il suffira peut-être de les désigner par les titres qu'ils portent. Assurément on ne les lit plus aujourd'hui.

Le premier, en suivant l'ordre des dates, est intitulé : *Traité des portions congrues des curés et vicaires perpétuels, avec plusieurs questions sur les offrandes, pensions,* etc., etc. ; Paris, 1682, in-12; Paris, Morel, 1689, 2 vol. in-12 ; Paris, Damien-

---

(1) Sur un factum du 30 juillet 1722, intitulé : *Contredits de productions que fournit par devant vous, nos seigneurs du parlement, dame Marie Antoinette de Schoutlceete, veuve de Créquy,* etc., etc. (Biblioth. des avocats à la cour de Paris, collection Chanlaire, t. XXI.)

Beugnié, 1720, 2 vol. in-12 ; Paris, 1739, 2 vol. in-12. C'est l'ouvrage qui commença la réputation de Michel Duperray. Ensuite il donna : *Traité de l'état et de la capacité des ecclésiastiques pour les ordres et les bénéfices* ; Paris, Emery, 1703, in-4° ; 1738, 2 vol. in-12. Le même ouvrage parut en 1708, in-4°, sous le titre de : *Droit canonique de France. Notes et observations sur l'édit de 1695 concernant la juridiction ecclésiastique* ; Paris, Beugnié, 1718, in-12 ; Paris, 1723, 2 vol. in-12. On a longtemps estimé l'ouvrage suivant : *Traité des dispenses de mariage, de leur validité ou invalidité, et de l'état des personnes suivant les dispositions canoniques, ordonnances ou arrêts* ; Paris, Beugnié, 1719, in-12 ; Paris, Dumesnil, 1730, in-12 ; Paris, 1759, in-12. C'est, en effet, un ouvrage qui contient plus encore que le titre ne promet : on y trouve une réponse à toute question que l'on peut s'adresser sur la fin civile du mariage. La même année parut : *Traité historique et chronologique des dîmes, suivant les conciles, constitutions canoniques, ordonnances et coutumes du royaume* ; Paris, Beugnié, 1719, in-12. Autre édition, revue par J.-L. Brunet, ancien avocat au parlement ; Paris, Du Mesnil, 1748, 2 vol. in-12. L'année suivante : *Traité des droits honorifiques et utiles des patrons et curés primitifs, de leurs charges et de celles de leurs décimateurs* ; ou, plus simplement : *Traité des patrons et curés primitifs*, etc. ;

Paris, Beugnié, 1720, 1721, in-12; 1733, in-12. Puis : *Traité sur le partage des fruits des bénéfices entre les bénéficiers et leurs prédécesseurs ou leurs héritiers*; Paris, Beugnié, 1722, 1742, in-12. La même année : *Observations sur le concordat fait entre Léon X et François I*er ; Paris, Beugnié, 1722 ; Paris, Paulus-du-Mesnil, 1750, in-12. L'année suivante : *Questions sur le concordat;* Paris, Beugnié, 1723, 2 vol. in-12. Ce ne sont pas, comme on pourrait le supposer, des observations ou des questions sur la nature même du concordat, sur les priviléges et les devoirs des deux puissances contractantes. Duperray n'aborde jamais les questions dogmatiques du droit public ; il les regarde comme résolues, et ne va pas, à l'exemple de Domat, rechercher si la droite raison approuve ou condamne les principes invoqués par les auteurs des lois fondamentales ; il s'occupe simplement de la condition des personnes et des choses sous le régime établi par ces lois : sa méthode n'est pas celle des jurisconsultes, elle est celle des arrêtistes. Ses derniers ouvrages sont : *Traité des moyens canoniques pour acquérir et conserver les bénéfices et biens ecclésiastiques, suivant les conciles, histoires ecclésiastiques*, etc., etc.; Paris, Du Mesnil, 1726, 4 vol. in-12 ; Paris, 1743; *Traité de la Régale;* Paris, 1729, 4 vol. in-12. Enfin il publia des *Observations* sur les *Lois ecclésiastiques* de L. d'Héricourt.

DURAND (JEAN-BAPTISTE).

Recteur de l'université d'Angers et principal du collége de Beuil, Jean-Baptiste DURAND publia, en 1702, une première édition de sa *Nouvelle Méthode d'apprendre la langue latine;* Angers, Jean Hubault, in-8°. Cet ouvrage, qui paraît avoir eu quelque succès, fut imprimé de nouveau, en 1710, chez le même libraire. M. Quérard ne l'a pas mentionné dans son manuel bibliographique. Nous lisons dans l'*Almanach manceau* que l'auteur de cette *Méthode* était du Maine. C'est un renseignement dans lequel on peut avoir confiance, puisqu'il est fourni par Jean Liron, contemporain de J.-B. Durand. L'abbé de La Crochardière reproduit la note de l'*Almanach manceau*, et n'y ajoute rien.

DU RUBAY (YVES).

La *Bibliothèque française* de La Croix du Maine parle de lui dans ces termes : « Yves DU RUBAY, natif

« du pays du Maine, maître des requêtes de l'hôtel
« du roi et chancelier du royaume d'Écosse, homme
« fort docte et lequel a été employé en beaucoup
« d'affaires d'état. Il a écrit plusieurs harangues tant
« en latin qu'en français, lesquelles ne sont encore
« imprimées. Il mourut à Paris l'an 1563 ou envi-
« ron. » Nous ne connaissons aucune des harangues
attribuées par La Croix du Maine à Yves Du Rubay ;
mais voici quelques détails sur sa famille et sur sa vie.
Son père, licencié ès lois, avait épousé Jeanne Baus-
sard, et de ce mariage étaient nés six enfants, Nicolas,
Yves, Jean-Marie, Roberde, Renée et François (1).
Yves Du Rubay fut chancelier d'Écosse sous le règne
de Marie Stuart. C'est en 1558, le 19 juillet, qu'il
fut reçu maître des requêtes ordinaire en l'hôtel du
roi. Il mourut le 18 août 1563. Il avait épousé Jehanne
de Loynes, veuve en premières noces de Georges
Maynard, conseiller au parlement. Blanchard (2) prétend que leur mariage fut stérile : il se trompe, puisque Jehanne de Loynes est qualifiée, dans une reconnaissance, tutrice des enfants mineurs de défunt
Yves Du Rubay (3).

(1) Biblioth. Nat., cabinet des Titres ; fonds des Mémoires.
(2) *Généalogie des Maistres des Requestes*, p. 300.
(3) Biblioth. Nat., cabinet des Titres ; fonds des Mémoires.

DU TERTRE (JACQUES).

Jacques DU TERTRE, né au Mans en 1612, de N. Du Tertre, sieur de La Ragottière, avocat au siége présidial, embrassa la règle de saint François et prit en religion le nom de Raphaël (1). Dès qu'il eut subi toutes les épreuves du noviciat, il quitta la France pour aller aux terres lointaines. Nous lisons dans les relations de Tavernier que, le 6 mars 1644, il s'éloignait du port d'Alep, en compagnie de deux RR. PP. Capucins, le P. Yves et le P. Raphaël, se rendant avec eux à la cour du roi de Perse. On ne sait quelle fut dans cette mission la fortune du P. Yves ; celle du P. Raphaël fut brillante. S'étant concilié les bonnes grâces du roi de Perse, il devint son interprète, son confident, son ami, eut un siége à sa table et but dans son verre ; ce qui marque leur grande familiarité. Comme ce titre de familier du roi permettait au P. Raphaël de rendre plus d'un service à ses confrères en religion, ceux-ci l'avaient nommé supérieur du couvent de Zulpha et de la mission de Perse. Quand Tavernier revint pour la sixième fois à Hispa-

---

(1) Dom Liron, Mss. de la Bibliothèque Nationale. Résidu de Saint-Germain, p. 98.

han, le 20 décembre 1664, il y retrouva son compagnon de voyage, devenu l'un des personnages principaux de la cour de Perse, et correspondant officiel des ambassadeurs français dans le Levant. Une lettre adressée au général de l'ordre des Franciscains contient d'intéressants détails sur la vie et la mort de ce religieux. Nous allons la reproduire :

MON RÉVÉREND PÈRE,

C'est les larmes aux yeux que je vais vous raconter la mort du R. P. Raphaël, du Mans, arrivée le 1er avril 1696. Après avoir reçu les saints sacrements, il est mort sans fièvre, seulement de faiblesse, ayant le jugement bon jusqu'à la fin, âgé de quatre-vingt-trois ans et sept mois, ayant demeuré à Hispahan, capitale de Perse, cinquante ans, avec un exemple merveilleux, aimé et regretté de tous les Européens, Anglais, Hollandais et autres Francs, auxquels il a toujours rendu de bons services pour leurs compagnies établies en cette ville, et des Arméniens et Mahométans qui en ont toujours dit des merveilles. Il a été quarante ans interprète de trois rois de Perse, Cha Abas II, Soliman I et Heussein I, qui règne présentement. Cha Abas II l'a fait manger souvent avec lui, et le faisait boire dans sa coupe d'or, avec une familiarité si grande que cela n'est pas concevable. C'était un des bons esprits que j'aie connus et capable de gouverner un royaume. J'en puis rendre témoignage, ayant demeuré trente-un ans avec lui. Il a laissé notre hospice d'Hispahan en bon état et en bonne réputation. Nous sommes deux maintenant qui tâcherons de suivre ses vestiges. Nous l'avons enterré dans notre petite église, où assistèrent le frère de M. de Saint-Olon, le R. P. Piqueu, évêque de Babylone, le R. P. Elie, Carme déchaussé, évêque de la Perse, qui officia assisté des RR. PP. Carmes, Jésuites, Augustins, Jacobins et le résident du roi de Pologne, le calender des Arméniens, qui est le chef de cette nation, et deux Anglais, et quantité d'autres principaux Arméniens, tous le cierge à la main.

Mon révérend Père, faites-en, s'il vous plaît, part à messieurs ses parents : c'est un honneur pour leur famille. Il se nommait au monde Jacques Du Tertre, et leur principale maison est à Ecommoy, etc., etc.

Votre petit serviteur,

Fr. Séraphin *d'Orléans*,
Capucin missionnaire.

Dom Jean Liron nous a conservé cette lettre ; à défaut de l'original, nous en trouvons une copie dans ses papiers. Mais ce savant bibliographe paraît avoir ignoré que le P. Raphaël se recommande à notre souvenir par un titre encore plus considérable que l'amitié du roi de Perse : c'est, en effet, un écrivain, et un écrivain estimable, qui nous a laissé une très-spirituelle et très-intéressante *Description de la cour et de l'empire d'Hispahan*. Le manuscrit de cet opuscule, écrit en l'année 1660, appartenait à Colbert ; il porte aujourd'hui, sur les rayons de la Bibliothèque Nationale, le numéro 10260^3. C'est une relation bien faite, et dans laquelle on doit avoir confiance, puisque l'auteur n'y parle jamais de lui-même.

DU THIER (Julien).

Voici ce qu'on trouve sur cet écrivain, dans la *Bibliothèque française* de La Croix du Maine : « Julien Du Thier, gentilhomme du Maine, excellent « poëte latin et français et grand musicien, neveu de « messire Jean Du Thier, sieur de Beauregard, secré- « taire d'état sous le règne d'Henri II. Il a traduit « du latin en français l'*Histoire romaine* de C. Vel- « leius Paterculus, non encore imprimée. Il a écrit et « composé plusieurs poésies françaises, lesquelles ne « sont encore en lumière. Il florissait l'an 1574. Je « ne sais s'il est encore vivant. » On n'a conservé de Julien Du Thier qu'un sonnet assez médiocre. Ce sonnet, qui est en l'honneur de La Croix du Maine, se lit à la fin de la *Bibliothèque française*.

DU TRONCHAY (Baptiste).

Baptiste Du Tronchay, sieur de Balladé, né à Sablé en l'année 1508 (1), était fils de Jean Du Tronchay,

(1) La Croix du Maine, *Biblioth. française.*

sieur du Hautbreuil, enquêteur de Mayenne, et de Geneviève de Letoré, fille de Jean Letoré, seigneur des Loges en Moranne (1). Comme son père, Baptiste Du Tronchay se fit pourvoir d'un emploi judiciaire; il fut conseiller au siége présidial du Mans, et mourut en cette ville le 21 juin 1557. La Croix du Maine, qui l'avait pu connaître, parle de lui comme d'un savant homme, auquel il attribue divers écrits : une ode à l'adresse de Guillaume Langey du Bellay, trois livres d'Amours et un traité de Grammaire française, « avec l'invention d'aucuns caractères nouveaux. » Ces écrits, qui n'ont pas été imprimés, sont tous perdus.

S'étant marié, le 7 mars 1537, avec Jeanne Pancelot, dame de La Pâquerie en Daumeray, fille du châtelain de Moranne, Baptiste Du Tronchay avait eu d'elle plusieurs enfants : Georges, sieur de Balladé; Nicolas, sieur de Balladé, de Martigné et de Chaudemanche, receveur des tailles, l'homme le plus riche en son temps du Maine et de l'Anjou; Félix, sieur de La Noë en Moranne, ministre de la religion réformée en la ville de Saumur; Baptiste-Louis, sieur de La Forterie; Jacques, sieur de Launay, et Louise, femme d'Eustache Neveu, sieur de La Bataille et Du Coudray (2).

---

(1) Ménage, *Hist. de Sablé*, seconde part., p. 74.
(2) *Id.*, au lieu cité.

DU TRONCHAY (GASPARD).

Nous nommerons après Baptiste son frère Gaspard ou Gazal Du Tronchay, né à Mayenne, qui fut médecin et poëte. La Croix du Maine parle de lui dans ces termes : « Il a écrit en vers français un livre de la
« Santé, autrement intitulé *l'Allégresse,* contenant
« onze cent huit vers de seize syllabes, non imprimé;
« la Grammaire française avec une orthographe nou-
« velle, inventée par ledit Du Tronchay (1); Traité
« en vers de même sorte que les susdits, intitulé *le*
« *Jour,* lequel il a dédié au seigneur Jean-Antoine de
« Bayf, son intime ami ; Complainte à Dieu lorsqu'il
« était malade de la fièvre, contenant deux cent
« soixante-deux vers, dédiés à M. Pena, docteur en
« médecine. Il a écrit plusieurs autres livres desquels
« je n'ai pas connaissance. Les susdits ne sont encore
« imprimés. Il florit à Rennes, en Bretagne, y exer-
« çant la profession de médecin, cette année 1584,
« âgé de plus de soixante ans. » La Croix du Maine, qui se réservait de parler dans sa *Bibliothèque latine*

(1) La Croix du Maine ne confond-il pas ici les noms et les œuvres des Du Tronchay? Cet ouvrage qu'il attribue à Gaspard Du Tronchay nous semble avoir beaucoup d'analogie avec un de ceux dont il fait honneur à Baptiste Du Tronchay.

des ouvrages écrits en latin par Gaspard Du Tronchay, nous apprend qu'un de ces manuscrits avait pour titre : *De sanitate tuenda.* Nous ajoutons à ces détails, sur la foi de Blondeau, que Gaspard Du Tronchay passait pour bien savoir le grec ainsi que d'autres langues orientales, et qu'ayant d'abord exercé la médecine à Paris, il inspira la plus vive jalousie au célèbre Fernel, médecin d'Henri II (1).

DU TRONCHAY (BAPTISTE-LOUIS).

L'aîné des fils de Baptiste Du Tronchay, Georges, fut, comme son père et son oncle, poëte et grammairien. Gilles Ménage nous a conservé quelques-uns de ses vers. Ce sont des vers bien tournés, où l'on trouve à la fois de l'esprit et du style. Il était, en outre, savant antiquaire, et possédait une collection de médailles estimée vingt mille livres. Il mourut au Mans, le 20 août 1582, âgé de quarante-trois ans. Nous aurions à parler plus longuement de ce Georges du Tronchay, s'il était né dans le Maine ; mais La Croix

(1) *Portraits des hommes illustres de la province du Maine.*

du Maine, qui était un de ses amis, indique la ville de Moranne comme lieu de sa naissance.

Au Mans est né son frère puîné, Jean-Baptiste Du Tronchay, sur lequel s'exprime ainsi La Croix du Maine : « Ledit Louis Du Tronchay naquit en la ville et
« cité du Mans, l'an 1545. Il était l'un des plus doctes
« et plus savants jeunes hommes de France, et des
« plus affectionnés aux lettres. Il n'entendait parler
« d'aucun homme docte qu'il ne désirât d'entrer en
« sa connaissance ; il n'en connaissait point de curieux
« d'avoir des livres écrits à la main qu'il ne les fré-
« quentât, pour entrer en leur amitié, afin de les
« pouvoir voir et en transcrire quelque chose. Somme,
« c'était le jeune homme de la plus grande espérance
« qui fût de son temps, comme le pourraient témoi-
« gner avec moi tous ceux qui l'ont connu, et j'ai
« fort grand regret de ne l'avoir oncques pu hanter
« pour apprendre avec lui ; mais il y a quatorze ou
« quinze ans qu'il fut tué, s'étant absenté de son pays
« pour la religion : ce qui lui avait été prédit par
« Jacques Viard, dit La Fontaine, astrologue et ma-
« thématicien, demeurant à Gouiz, près Durtal, en
« Anjou. Car il fut tué par aucuns soldats, au village
« nommé Thou, distant de la ville de La Charité
« (près Sancerre en Nivernais) de quatre lieues ou
« environ : lequel lieu fut depuis brûlé par ceux de la
« religion réformée, en indignation du meurtre com-
« mis à l'endroit de ce jeune homme, qui s'y était

« transporté pour y voir quelques choses de remar-
« que, comme il était des plus curieux de son temps
« en toutes sortes de gentillesses. Il était très-docte
« en grec et écrivait bien en latin, et quant à ses écrits
« français, encore qu'il n'y en ait point en lumière,
« si ai-je appris de Georges Du Tronchay, sieur de
« Balladé, son frère aîné, qu'il avait écrit une très-
« ample histoire des troubles de France pour le fait
« de la religion, laquelle il avait écrite selon la vérité.
« Elle fut perdue et dérobée, lorsqu'il fut tué près
« ladite ville de La Charité ; car il écrivait ladite his-
« toire selon les occurrences et les choses qui se pré-
« sentaient pour écrire. Il a composé plusieurs poëmes
« français, lesquels ne sont encore en lumière. Il
« mourut l'an 1569, au grand regret de tous ses
« amis, âgé de vingt-quatre ans. »

L'histoire et les poëmes de Baptiste-Louis Du Tronchay ont eu la même fortune ; on ne les retrouve plus.

DU TRONCHAY (MATHURIN).

Enfin Gaspard Du Tronchay eut un fils, Mathurin Du Tronchay, dont La Croix du Maine parle en ces

termes : « Mathurin Du Tronchay, gentilhomme du
« Maine, sieur de Vautorte, natif de Mayenne-la-
« Juhel. Il a composé en vers français une Instruc-
« tion des princes et autres œuvres, tant en prose
« qu'en vers. Je ne sais s'il les a fait imprimer. Il était
« parent de Messieurs de Balladé, sieurs Du Tronchay ;
« en quoi l'on peut voir combien cette maison a été
« fertile en bons esprits. Le sieur de Vautorte floris-
« sait l'an 1580. » La Croix du Maine nous donne
les seuls renseignements qui nous soient parvenus sur
ce Mathurin Du Tronchay ; aucun de ses écrits n'a
été imprimé.

EDMOND.

Cet Edmond, que Jean Liron appelle « frère »
Edmond, né à Mamers, est auteur d'un *Traité de la
culture des Jardins*, publié en 1560. La Croix du
Maine ne parle pas de cet ouvrage, et nous ne l'avons
pas rencontré.

ESNAUD (FÉLIX).

Félix ESNAUD, né au Mans vers l'année 1657, fut reçu docteur en théologie en 1690. En 1708, il accompagna le maréchal de Tessé en Italie. Au retour, en 1712, il fut nommé curé de la modeste église de Saint-Jean-en-Grève, et l'administra jusqu'au 1er janvier 1742, date de sa mort. On lui doit : *Offices pour l'église de Saint-Jean-en-Grève, selon le bréviaire de Mgr de Vintimille, arch. de Paris;* Paris, 1742, in-8°.

ESTURMY (G.).

Le docteur Jean de Launoy le nomme en latin *G. Turmeus*. Avec beaucoup d'hésitation nous écrivons en français ESTURMY ; mais il était du Mans ou du Maine, *Cenomanensis*, et il y a d'autres Esturmy nés dans cette province. On a de lui une pièce d'hexamètres latins en l'honneur d'Etienne Tonnellier, docteur de Navarre, nommé en 1607 recteur de l'Université de

Paris. Ces vers ont été publiés par de Launoy (1). Ils sont emphatiques et obscurs. On n'a pas d'autres renseignements sur ce *G. Turmeus*. Nous supposons qu'il était lui-même un des boursiers ou des régents du célèbre collége de Navarre.

ESTURMY DE VILLECOUR (rené).

Nous avons de René Esturmy, sieur de Villecour, un volume in-8°, dont le titre est *Balance du temps et de l'éternité*; au Mans, Peguineau, 1676, in-8°. C'est la traduction d'un ouvrage du jésuite espagnol Eusèbe Nieremberg. Moréri, à l'article *Nieremberg*, parle d'une traduction française du P. Bignon, mais il ne paraît pas avoir connu celle du P. Esturmy. Celle-ci n'est pas faite sur l'espagnol, mais sur une version italienne, et le traducteur nous prévient qu'elle n'est pas fidèle, qu'il s'est permis de faire quelques additions au texte original.

René Esturmy était dominicain au couvent de Laval. Il nous apprend que l'évêque du Mans, Louis de La-

---

(1) *Regii Navarræ gymn. Historia*, dans les œuvres de Jean De Launoy, t. IV, p. 467.

ergne-Montenard de Tressan, l'avait chargé « de quelque emploi considérable dans son diocèse, » mais il ne nous dit pas quel était cet emploi. Echard et Touron ne parlent pas de lui dans leurs annales de l'ordre de Saint-Dominique. Nous n'oserions affirmer qu'il fût du Maine ; cependant il dit « notre ville » en parlant de Laval, et Ceboy, dans ses notes manucrites, l'inscrit au nombre des écrivains manceaux (1).

FAISSOT.

FAISSOT, avocat au Mans en l'année 1657, a fait en l'honneur de son confrère Louis des Malicottes quatre vers très-médiocres, qui sont imprimés en tête des *Remarques*. Il signait : *Faissot le jeune,* pour se distinguer d'un autre avocat du même nom, Jean Faissot des Rues, qu'on trouve échevin du Mans en l'année 1654 (2). Un autre avocat de ce nom approuvait, le 23 mars 1563, le règlement donné par le lieutenant général Jacques Taron au siége présidial du Mans (3).

(1) Mélanges manuscrits des Bénédictins, à l'Institut de France, t. II, fol. 61.
(2) Cauvin, *De l'administration municipale*, p. 52.
(3) Registres de la chambre du Conseil du parlement, séance du 10 mai 1564.

FARIBAULT-DESFORGES.

Né dans le Maine, mais on nous laisse ignorer en quel lieu, Faribault-Desforges était notaire au Mans en l'année 1765, lorsqu'il fut élu notable par les députés des ordres (1). Il faut croire qu'il remplit bien son mandat, car, aux élections de 1769, où il y eut tant de mutations, il fut maintenu. Il fut ensuite conseiller du roi. On lui doit : *Mémoire instructif pour rendre le produit de nos campagnes plus assuré, plus constant et plus considérable, sans aucuns frais extraordinaires.* Publié d'abord dans le *Journal d'agriculture* de décembre 1773, ce Mémoire parut ensuite au Mans, en 1774, in-8°.

FERRÉ (louis).

Nous ignorons le lieu natal de l'abbé Louis Ferré ; nous savons seulement qu'il était principal du collége de Sablé. On lui doit : *Panégyrique de la vie et orai-*

(1) M. Cauvin, *De l'administration municipale*, p. 63.

son funèbre sur la mort et trépas de défunt, d'immortelle mémoire, noble Jacques Du Gastel, prieur d'Avessé et doyen de Brûlon; Le Mans, 1646, in-4°. A la suite du Panégyrique se trouvent des vers latins et des vers français en l'honneur du même prieur, mort le 6 janvier 1646. Les vers de l'abbé Ferré ne sont pas plus estimables que sa prose.

FILLASTRE (GUILLAUME) (*).

Selon Claude Ménard (1) et Gilles Ménage (2), Guillaume FILLASTRE est né près de Durtal, dans le

(1) *Histoire* manuscrite *de l'Université d'Angers*, liv. IV.
(2) *Histoire de Sablé*, sec. partie, p. 58.

(*) Nous ne parlerons pas ici d'un autre Guillaume Fillastre, évêque de Verdun, de Toul et de Tournai, auteur des *Troyennes histoires* et de *La Toison d'or*, mort à Gand en 1472. Le Corvaisier, les auteurs du *Gallia christiana* et la plupart des historiens le disent, il est vrai, filleul et neveu du cardinal de Saint-Marc. On lui donne même pour père Etienne, juge d'Anjou, et l'on ajoute qu'il était né, selon toute apparence, dans le Maine (*Biographie générale*, art. de M. E. Begin). Mais ce sont là des conjectures qui ne sont aucunement justifiées. Guillaume Fillastre, évêque de Toul et de Verdun, était un bâtard légitimé (*Gallia christiana*, t. III, col. 234) dont on ne connaît pas le père. Reçu docteur à Louvain, il passa toute sa vie dans les Pays-Bas, ayant été choisi pour secrétaire par Philippe le Bon, duc de Bourgogne. On peut donc, avec

bourg d'Huillé, en Anjou ; mais, Angevins l'un et l'autre, nos deux historiens doivent avoir trop facilement admis cet homme célèbre au nombre de leurs compatriotes. En effet, tous les documents anciens le disent Manceau. C'est d'abord son épitaphe, qui commence par ces mots : *Sepulcrum Guillelmi, tituli S. Marci presbyteri cardinalis, Cenomanensis diœcesis* (1). Un nécrologe, autrefois conservé chez le cardinal Ottoboni, confirme la même tradition (2). Elle se retrouve dans une notice latine que M. Varin a tirée des archives de Reims (3). Chacon l'a reproduite sans la moindre défiance : « Il est né, dit-il, dans le

quelque vraisemblance, supposer qu'il était Flamand. Ajoutons que, nommé à l'évêché de Tournai, il institua ses procureurs pour prêter en son nom le serment d'obéissance à l'archevêque de Reims, « ses parents » Jean Ferrant et Nicolas Scot, seigneur de Muyson. Or, ce lieu de Muyson n'est pas au Maine. Le cardinal et l'évêque ont eu le même nom ; mais cela ne signifie pas qu'ils fussent de la même famille. Il est un troisième Guillaume Fillastre, archéologue, né dans le diocèse de Rouen, qui mourut à Fécamp en 1706 et qui ne fut parent ni du cardinal, ni de l'évêque. Ce nom de Fillastre, Filatre, Filiatre, en latin *Filiaster*, est un nom commun qui peut également signifier beau-fils, gendre ou neveu. Il ne faut pas s'étonner de le voir attribué comme nom de famille à des gens qui n'avaient aucune communauté d'origine. Ainsi de nos jours, en Belgique comme en France, il y a beaucoup de Legendre, de Neveu, de Leneveu, qui n'ont ensemble aucun lien de parenté.

(1) *Gallia christiana*, t. I, col. 327.
(2) Varin, *Archives législatives de la ville de Reims;* statuts, t. I, p. 108.
(3) *Archives administratives*, t. I, p. 270.

« Maine, pays fertile en esprits déliés (1) ; » et les auteurs du *Gallia christiani* ne s'expriment pas autrement : « Le Maine, pays fertile en esprits supé-
« rieurs, a donné le jour à Guillaume Fillastre (2). »
Gilles Ménage est quelquefois une autorité : quand il a des doutes il se montre habile à les résoudre ; mais comme il répète simplement, en cette occasion, ce qu'avait avancé Claude Ménard, disons pour conclure que l'opinion de Claude Ménard a contre elle tous les témoignages. Guillaume Fillastre était originaire non de l'Anjou, mais du Maine. On croit même connaître dans le Maine le lieu où il est né, et l'on nomme La Suze (3) ; cependant cette assertion est produite sans preuves. La date de sa naissance est elle-même diversement rapportée ; mais les historiens qui proposent l'année 1344 (4) sont contredits encore par son épitaphe, où nous lisons : *Obiit anno* 1428, *ætatis* 80 ; il est donc né en 1347 ou en 1348.

Guillaume Fillastre avait un frère, nommé Etienne, avec lequel il étudia le droit à l'université d'Angers. L'un et l'autre furent, dit-on, d'habiles jurisconsultes. Etienne, qui était sans doute l'aîné, conserva l'épée, et, ayant épousé la sœur de son compatriote et condisciple Robert Le Maçon, qui fut plus tard chancelier

---

(1) Ciacconius, *Vitæ et res gestæ pontif.*, t. II, col. 807.
(2) Tom. I, col. 328.
(3) Houdbert, *Esquisse*, p. 12.
(4) Le Corvaisier, *Histoire des evêques du Mans*, p. 716.

de France, il prit avec le siècle, par ce mariage, un engagement qu'il ne devait jamais rompre. On le voit, en 1411, occupant la charge de juge ordinaire du Maine, pour le roi de Jérusalem et de Sicile, comte du Maine et duc d'Anjou. Quant à Guillaume, dès qu'il fut en âge d'entrer dans l'église, il y entra.

Il fut, dit Ménard, chanoine d'Angers, et ses armes se voient dans un des vitraux de Saint-Maurice. Il fut, dit Le Corvaisier, chanoine et archidiacre de Laval en l'église du Mans, et ses armes sont deux fois peintes ou sculptées à Saint-Julien, sur le vitrail de la rose et sur la clé de voûte d'une croisée qu'il fit construire à ses frais (1). Il est certain qu'il fut chanoine capitulant en l'église du Mans, comme le prouvent divers titres (2), mais nous admettons sans difficulté qu'il posséda simultanément deux prébendes canoniales en deux églises différentes ; les mœurs du temps ne s'y opposaient pas. Le successeur de Guillaume Fillastre dans l'archidiaconé de Laval, Jean de Launay, fut aussi chanoine du Mans et d'Angers, comme le prouvent ces mots de son épitaphe : *Archidiaconus de Lavalle in ecclesia Cenomanensi, ejusdem et Andegavensis canonicus* (3). Quoi qu'il en soit, Guillaume Fillastre ne commence à jouer un rôle signalé par les

---

(1) Le Corvaisier, ouvrage cité, p. 717-718. — Cauvin, *Essai sur l'armorial*, p. 92.
(2) Piolin, *Histoire de l'église du Mans*, t. V, p. 123.
(3) *Ibid.*, p. 126.

historiens qu'en l'année 1389, étant alors official d Reims et doyen de Saint-Symphorien en la même église. C'est en cette année que Richard Picque, archevêque de Reims, l'institue son exécuteur testamentaire ; et, le 17 avril 1391, Guillaume, s'étant acquitté de cette laborieuse commission, publie le compte rendu de tout ce qu'il a fait pour répondre aux intentions du testateur. Ce compte rendu, pièce considérable et de grande importance, a été publié par M. Varin (1). Ayant ensuite été nommé doyen de Reims, Guillaume est confirmé dans cette charge par le saint-siége, le 8 mars 1392 (2).

Un chroniqueur de l'église de Reims lui rend cet hommage, « qu'il s'éleva par son mérite seul aux « plus hauts honneurs (3). » Nous ne contesterons pas son mérite : à une instruction peu commune il joignait une grande habileté ; mais il aurait difficilement trouvé l'occasion de paraître habile, s'il avait constamment vécu dans la ville de Reims, occupé des affaires de son décanat : les graves événements qui l'appelèrent sur un plus vaste théâtre servirent beaucoup sa fortune. En l'année 1394, le roi Charles VI ayant convoqué dans la ville de Paris une nombreuse assemblée de seigneurs et d'évêques, qu'il désire consulter sur les périls communs de l'église et de l'état,

(1) *Archives administratives de Reims*, t. III, p. 731.
(2) *Gallia christiana*, t. IX, col. 174.
(3) *Archives administratives de Reims*, t. I, p. 270.

Guillaume Fillastre est envoyé par son archevêque dans cette assemblée (1). C'est son début sur la grande scène. On ne dit pas qu'il s'y soit fait remarquer. Il est probable qu'il s'y comporta modestement, comme un homme nouveau, parlant peu, mais observant beaucoup. Il y avait là matière à beaucoup d'observations. Le trouble des esprits n'était pas, en effet, moins grand que celui des choses, et de telles situations sont toujours favorables à ces gens habiles dont l'ambition n'est pas gênée par les scrupules : cependant, contraint de choisir entre plusieurs partis d'une égale puissance, disons mieux d'une égale faiblesse, celui qu'il devait préférer et servir, l'ambitieux le plus libre de préjugés pouvait lui-même faire un mauvais choix.

Guillaume Fillastre s'enrôla d'abord sous la bannière des papistes. Il lui sembla peut-être que le pouvoir civil prenait des airs trop dédaigneux à l'égard de la papauté, et qu'il ne devait pas, en définitive, prévaloir sur elle. Quelles qu'aient été les raisons déterminantes de son choix, il professait encore un grand zèle pour la papauté quand il vint siéger, en l'année 1406, dans le concile de Paris. Charles VI avait lui-même convoqué ce concile, pour lui demander s'il n'était pas opportun de rompre finalement avec le pape Benoît XIII et de lui refuser toute obéis-

---

(1) *Chronique du relig. de Saint-Denys*, t. II, p. 223.

sance. Ayant donc pris la résolution de déclarer dans cette assemblée ses sentiments contraires au vœu du roi, des princes, des légistes et de la majeure partie des évêques, Guillaume fut choisi par Benoît XIII comme un des orateurs de sa cause et la défendit avec une grande vigueur.

On nous a conservé son premier discours, prononcé le 1er dimanche de l'Avent. L'exorde de ce discours est timide. « Les délégués du pape sont, dit-il, venus le trouver, et, ne sachant pas s'exprimer en français, ils l'ont prié de parler à leur place. Ils ont donc remis entre ses mains un mémoire qu'il traduira. Mais, cet exorde achevé, l'orateur commence l'exposition des faits et son langage devient plus vif Quel est le principal accusateur du pape? C'est l'Université de Paris. Cette puissante compagnie mérite assurément qu'on tienne compte de ses avis sur les affaires de l'église ; son autorité n'est pas, toutefois, souveraine, et elle se persuade trop facilement qu'elle n'a qu'à commander. Elle accuse donc avec véhémence, et, à défaut de meilleurs arguments, elle use de la calomnie. Depuis l'avénement de Benoît XIII on espère la fin des troubles qui désolent l'église : mais la responsabilité de ces troubles et l'insuccès de tous les efforts employés pour les apaiser, est-ce au pape Benoît qu'on doit les imputer? Il a tout fait pour condescendre aux moindres désirs du roi ; mais, l'Université le conseillant, le roi ne s'est jamais tenu pour satisfait et les choses ont été de mal en pis. On fait entendre aujourd'hui de grosses menaces ; on déclare un pape hérétique, schismatique, sans avoir qualité pour prononcer une telle sentence, et l'on en vient à déclarer qu'un roi peut lui-même, de sa propre autorité, destituer un pape pour cause d'hérésie. Qu'on y prenne bien garde : les rois ont de grandes obligations envers les papes, les papes ne leur doivent presque rien, et quand des rois, enflés d'orgueil, ont eu la témérité de toucher aux choses spirituelles, qui ne les concernent pas, il ont commis une faute qui ne leur a guère profité. On se rappelle sans doute la fâcheuse aventure d'Osias écartant les prêtres pour sacrifier à leur place. Dieu le punit de ce sacrilége en lui donnant la lèpre. Encore une fois l'Université de Paris conseille mal le roi. Que parle-t-on, d'ailleurs, de destituer un pape ? Cela ne se peut, et si les rois sont sans puissance contre les papes, les papes même destitués auront toujours une suffisante puissance contre les rois. On peut déclarer sans doute qu'on ne reconnaît pas un pape ; mais cette déclaration ne le prive pas de ses clés, et il continuera de s'en servir. Supposons les gens de Paris très-mal portés à l'égard de leur prévôt, l'accusant de mauvaises mœurs, de mauvaises pratiques, et déclarant qu'ils lui refusent désormais toute obéissance : eh bien ! cette déclaration n'empêchera pas ledit prévôt de les faire saisir et de les faire pendre, tant qu'il lui restera des archers dociles à ses commandements. De même, toujours possesseur des clés que nul ne peut lui ravir, le pape excommuniera ses ennemis, et, malgré toutes les protestations qu'ils pourront faire entendre, ils seront et demeureront excommuniés (1). »

Le ton de ce discours est un injurieux persiflage. Il offensa particulièrement les princes, menacés par l'orateur des deux châtiments les plus redoutés, l'excommunication et la lèpre. Le duc de Berry, plus irrité que le roi lui-même, parla de châtier sans délai l'audace de Guillaume. « Qui eût cru, dit Juvénal des « Ursins, aucuns du sang et autres jeunes, on lui eût « fait une très-mauvaise compagnie (2), » c'est-à-dire un très-mauvais parti. S'étant donc trop avancé, Guillaume recula trop : « humblement et doucement, » dit le chroniqueur, il demanda pardon. Son second discours a pour date le 11 décembre. Pierre d'Ailly, l'illustre évêque de Cambrai, papiste plus réservé, venait de réfuter par des arguments plus graves la doctrine de l'Université. C'est alors que notre doyen récita sa palinodie : « *Locutus sum*, dit-il, *in lingua* « *mea ; notum fac mihi, Domine, finem meum.* « Sire, j'ai parlé de ma langue seulement ; puisqu'il « vous déplait, faites de moi ce qu'il vous plaira. J'ai « parlé d'aucunes choses dépourvuement : je ne le dis

---

(1) Bourgeois du Chastenet, *Nouvelle histoire du concile de Constance*, p. 125.

(2) Juvénal des Ursins, *Histoire de Charles VI*, p. 182.

« mie pour moi excuser, mais je le dis pour impétrer
« votre clémence... Sire, je viens à votre clémence ;
« je suis un pauvre homme, qui ai été nourri ès-
« champs ; je suis rude de ma nature, je n'ai pas
« demeuré avec les rois ne avec les seigneurs, par
« quoi je sache la manière ne le style de parler en leur
« présence. Si j'ai parlé simplement, j'en suis moult
« déplaisant... Sire, je sais bien que votre seigneurie
« n'est mie comme les autres. L'empereur tient son
« impérance du pape, mais votre royaume est par
« héritage. Je sais bien que vous n'occupez pas tant
« seulement le lieu de pur homme, mais êtes une
« personne moyenne entre spirituelle et temporelle ;
« vous êtes l'un des *regibus unctis : de quibus regi-*
« *bus unctis* j'en trouve trois qui ont été annoncés
« par hommes nacquis *ex mulieribus sterilibus*. Pre-
« mièrement l'on trouve que le roi Saül fut oint par
« Samuel, lequel Samuel fut annoncé à sa mère que
« l'on disait stérile, et dit le texte que ils n'étaient
« que eux deux, Saül et Samuel. Quand Saül fut oint,
« et que Samuel en avait envoyé son varlet, et lors
« prit *modicum olei*... et dit l'en que l'ange cette
« huile administra. Le roi de tous les rois, Jésus-
« Christ, fut oint par saint Jean-Baptiste. Le tiers
« roi que trouve, sire, c'est Clovis, votre prédéces-
« seur, qui fut baptisé par Monseigneur saint Remi,
« qui était fils de mère stérile, et lui apporta l'onction
« l'ange du ciel ; et ainsi votre royaume n'est pas

« comme les autres ; il est héréditaire ; ne le tenez
« d'aucun ; vous êtes empereur en votre royaume ;
« en terre vous ne connaissez nul souverain *in tem-*
« *poralibus.* Et pour ce, sire, je supplie votre clé-
« mence, et je serai au temps à venir plus avisé, s'il
« plaît à Dieu : *ego magis fidelis majestatis regiœ,*
« s'il vous plaît avoir merci de moi (1). »

Il ne faut pas s'étonner de voir un simple doyen se proterner si bas devant un roi ; les premiers d'entre les évêques n'auraient pas eu, dans le même cas, meilleure contenance. Dans ce temps-là toute offense à la personne sacrée des rois était réputée criminelle, et l'on ne saurait implorer le pardon d'un crime sans s'humilier. Le chancelier répondit sèchement à Guillaume : « Monsieur le doyen, le roi a ouï ce que vous
« avez dit. L'autre jour, quand vous parlâtes, Mon-
« seigneur de Berry fut présent, qui en fut très-mal
« content. Il n'est pas cy présent ; lundi l'on en
« ordonnera. »

Il faut, toutefois, remarquer que, pour se recommander à la clémence du roi, Guillaume n'a désavoué qu'une des propositions contenues dans son premier discours. Ayant défini les rois des sujets des papes, il a retiré ce propos ; mais parce qu'il renonce à tout débat sur l'indépendance temporelle des rois, il ne

---

(1) Bourgeois du Chastenet, livre cité, p. 163. — Annotations à l'*Histoire de Charles VI*, p. 619-620. — Lenfant, *Histoire du concile de Pise*, t. I, p. 144.

leur reconnaît pas le pouvoir de demander si tel pape est ou n'est pas légitime. A qui, d'ailleurs, adressent-ils cette question ? A des gens qui n'ont pas qualité pour leur répondre. C'est ce que Guillaume se proposa de démontrer dans la séance du 17 décembre, ménageant, cette fois, autant qu'il le pouvait, les princes irrités, mais contestant avec une entière liberté les droits du concile.

Ce concile est, dit-il, réuni depuis trois semaines ; depuis trois semaines on a beaucoup parlé des droits du roi, des droits du pape, et contre le pape Benoît XIII, à qui l'Université de Paris n'est pas favorable, on a de toutes façons argumenté. Mais a-t-on traité l'affaire principale, celle du schisme ? A-t-on proposé, pour en finir avec le schisme, un expédient qui puisse être pratiqué ? « Je mettrai à ce propos un
« exemple familier. Un bon homme était chu dedans
« un puits. Passa par emprès un sien voisin, qui le
« ouït se plaindre dedans le puits et se approcha ; il
« lui fit plus de cent demandes, comment il y était
« chu, et que c'était très-mal à point ; et ne pourvéait
« point à l'en mettre dehors. Celui qui était en bas,
« qui n'était pas à son aise, lui dit quand il fut
« ennuyé : Tu ne deusses mie enquérir comment
« je suis chu, mais comment tu m'en pourras traire
« et mettre dehors... Nous véons l'église chue au
« puits du schisme. En cette horreur serait chose plus
« expédiente d'aviser comment elle en sera traite et

« otée que de s'arrêter à savoir comment elle y est
« chue. » Cherchons donc les moyens qu'on pourrait
proposer. Le schisme est dans l'église, et dans l'église
le roi n'a pas d'autorité ; son glaive y est vassal de
l'autre glaive. Ainsi l'on ne demandera pas au roi la
fin du schisme. La demandera-t-on aux conciles? On
dit, il est vrai, que les conciles généraux ont la supériorité sur les papes. C'est une opinion fausse : mais,
quand elle serait vraie, vingt-cinq évêques assemblés
à Paris peuvent-ils se considérer comme toute l'église
et délibérer en son nom (1)?

L'Université de Paris lui répliqua : « Nous prend-
« on pour une assemblée du Châtelet ou du parle-
« ment? Le roi est entouré de ses évêques, de ses
« archevêques ; il peut donc conclure avec eux pour
« ce qui concerne son royaume, ainsi qu'a pu con-
« clure, avec les siens, le roi d'Aragon. » Telle est la
doctrine gallicane. Assurément on ne saurait la concilier avec ce principe : l'unité de l'église ; mais quand,
d'autre part, deux ou trois papes se disputent la tiare,
cette unité n'a-t-elle pas dans ces schismatiques compétiteurs de pires ennemis que les rois? Malgré tout ce que
put dire Guillaume Fillastre en faveur de Benoît XIII,
les évêques français et le roi de France se prononcèrent contre lui ; mais l'église ne resta pas moins

---

(1) Bourgeois du Chastenet, ouvrage cité, p. 199. — Annotations à l'*Histoire de Charles VI*, p. 621. — Lenfant, *Histoire du concile de Pise*, t. I, p. 153.

divisée. Quand fut-elle réunie sous la main d'un seul chef? Quand, à la confusion des papistes et des gallicans, la suprématie des conciles généraux fut enfin établie.

Empressons-nous de dire que Guillaume Fillastre ne demeura pas un des derniers dans le parti des papistes. Ayant été mis au nombre des ambassadeurs que l'église et le roi de France envoyèrent, au mois de mars 1407, vers les deux papes Benoît XIII et Grégoire XII, pour les inviter à transiger d'une façon quelconque (1), il revint de cette vaine ambassade persuadé qu'on ne pouvait plus rien demander à la papauté.

On dit qu'en 1409 il assistait au concile de Pise. Il n'y put siéger que par délégation, et, comme le procès-verbal de ce concile ne nomme pas les délégués qui représentèrent les évêques absents, nous n'avons pas la preuve de ce qu'on avance. Peut-être occupa-t-il dans cette grande assemblée la place de son archevêque, Guy de Roye, qui fut assassiné dans une émeute, le 8 juin 1409, lorsqu'il traversait Voltri, se rendant à Pise (2). Quoi qu'il en soit, Guillaume Fillastre rompit avec Benoît XIII et le délaissa comme un antipape, soit pendant, soit aussitôt après le concile, et le 6 juin 1411, autant sans doute en considération de ses services que de son mérite, Jean XXIII le nomma

---

(1) *Chronique du rel. de Saint-Denys*, t. III, p. 514.
(2) Douet d'Arcq, *Choix de pièces du règne de Charles VI*, t. I, p. 317.

cardinal prêtre du titre de Saint-Marc (1). Ainsi l'église de Reims eut pour doyen un cardinal. Ce fut pour elle un grand honneur. Elle s'en montra reconnaissante, et, en l'année 1413, elle fit élire son cardinal-doyen abbé de Saint-Pierre d'Hautvillers (2). Ce fut avec l'intention d'ajouter à ses revenus. Cependant l'année suivante, pour des motifs qui nous sont inconnus, Guillaume abdiqua son doyenné (3).

En l'année 1415, nous voyons Guillaume Fillastre au concile de Constance, où son zèle, son adresse, son talent de parler et d'écrire lui font jouer bientôt un rôle important. Il est maintenant tout à fait revenu de ses illusions sur la papauté. Aux conciles généraux, il n'hésite plus à le reconnaître, appartient dans l'église la puissance souveraine ; les papes n'y exercent qu'un mandat. De nouveaux troubles ont éclaté dans l'Europe chrétienne ; le schisme dure encore, et si le concile de Pise a pu faire un pape, le successeur de ce pape s'est aliéné l'église presque entière par sa turbulence, par ses mœurs dissolues : un nouveau concile est devenu nécessaire. Guillaume Fillastre y vient siéger avec la résolution de sacrifier tous les intérêts en présence à ceux de la paix. Il ne veut plus même se rappeler que Jean XXIII l'a fait cardinal et qu'il lui doit quelque chose : étant dans cette opinion

---

(1) Lenfant, *Histoire du concile de Pise*, t. II, p. 59.
(2) *Gallia christiana*, t. IX, col. 256.
(3) *Ibid.*, col. 174.

qu'il convient de faire d'abord table rase et d'instituer ensuite un pape nouveau, il doit être aussi vif contre Jean XXIII que contre Benoît XIII et Grégoire XII.

Son premier acte paraît avoir été la publication d'un mémoire latin sur les devoirs du concile. Le mémoire commence par ces mots : « Le concile général « de Constance a été convoqué pour faire principa- « lement deux choses : ces deux choses sont, d'une part, « la paix et l'union parfaite de l'église, et, d'autre « part, la réforme de l'état ecclésiastique. » Il s'agit donc premièrement de mettre sous le gouvernement d'un seul pasteur le troupeau divisé, et le sentiment du cardinal de Saint-Marc est que, pour atteindre ce but, il faut d'abord contraindre les trois compétiteurs à se démettre de leurs prétentions rivales. Quand ils auront abdiqué, le concile fera librement son choix (1). Ayant écrit ce mémoire, Guillaume Fillastre le remit au cardinal de Cambrai, qui, l'ayant approuvé, le communiqua discrètement à l'empereur. L'empereur le trouva si sagement dicté qu'il en fit aussitôt distribuer des copies aux envoyés de toutes les nations. Les partisans de Jean XXIII y répondirent. Mais on ne les écouta guère, et ce fut un grand honneur pour Fillastre d'avoir proposé, dès l'ouverture du concile,

(1) Hermann von der Hardt, *Res concilii Constantiensis*, t. II, col. 208. — Lenfant, *Histoire du concile de Constance*, p. 68

le plan de conduite qui fut suivi. Un autre mémoire de Fillastre concerne une moindre question, une question réglementaire. Le cardinal évêque de Cambrai s'étant doctoralement élevé contre la prétention des évêques et des abbés qui voulaient avoir seuls voix délibérative dans le concile, Fillastre vint à son secours avec un libelle d'un style plus piquant. On lit dans ce libelle que les évêques n'ont sur leur clergé qu'une autorité disciplinaire ; que le pape n'est lui-même que le premier des prêtres, et qu'un pape ignorant est un âne couronné. L'auteur déclare, en conséquence, que tous les membres du concile jouissent au même titre des mêmes droits, et que les docteurs en théologie, en droit canonique, tous les prêtres, les simples diacres et même les rois, les princes et leurs envoyés doivent être admis à voter dans le concile, comme les évêques et les abbés (1). Cela fut aussi décrété.

Le 17 avril 1415, Guillaume Fillastre fut donné pour chef à l'ambassade envoyée vers Jean XXIII, qui se trouvait alors à Brissac, dans les domaines du duc d'Autriche, à trois journées de Constance. Puisqu'il avait pris le parti de la fuite, ne voulant pas se trouver en présence de l'empereur, il s'agissait de le persuader qu'il devait, du moins, se faire représenter dans le concile par des procureurs dignes de toute sa

---

(1) Hermann von der Hardt, ouvrage cité, t. II, col. 226. — Lenfant, *Histoire du concile de Constance*, p. 71.

confiance. Le cardinal de Saint-Marc ayant donc exposé devant le pape l'objet de sa mission, celui-ci promit une réponse pour le lendemain, et, dans la nuit, il quitta la ville. Les ambassadeurs revinrent à Constance, et, le 2 mai, Fillastre fit son rapport à l'assemblée. L'assemblée n'aurait pas tardé beaucoup à déposer Jean XXIII comme un subalterne en état de révolte, quand, par découragement ou par ironie, il prit enfin le parti d'écrire et de nommer Guillaume Fillastre un de ses procureurs, avec les cardinaux de Florence et de Cambrai. Mais ils lui répondirent par un refus. Quand ses collègues paraissaient hésiter encore, Fillastre se prononça le premier en plein concile, dans la séance du 13 mai, déclarant qu'il ne voulait accepter la charge de défendre ni le pape Jean, ni quelque autre de ses compétiteurs (1). C'est pourquoi sans doute il fut élu par le concile, le lendemain, un des commissaires qui devaient entendre les témoins assignés contre Jean XXIII (2). On avait lieu de compter sur sa fermeté ; mais son équité naturelle l'empêcha de céder aux entraînements de la passion. Jean XXIII s'obstinant à conserver la tiare, les plus violentes accusations furent portées contre lui ; on l'accusa même d'hérésie. Ce fut le cardinal de Saint-Marc qui le justifia de ce crime (3).

(1) Labbe, *Concilia*, t. XII, col. 54.
(2) *Ibid.*, col. 62.
(3) Lenfant, *Histoire du concile de Constance*, p. 167.

Le procès-verbal du concile ne nous offre le nom de Guillaume Fillastre dans aucune des séances qui furent tenues entre le 24 mai et le 17 août 1415 ; il était malade (1). Quand il reparaît ensuite aux séances, il y est silencieux. Le concile a, d'ailleurs, d'autres affaires à régler que celle du schisme ; les procès de Jean Huss et de Jérôme de Prague occupent bientôt toutes les séances et Fillastre n'était pas un des commissaires désignés pour ces procès. Nous l'en félicitons. Il ne rentre en scène que dans les premiers mois de l'année 1417.

Le 12 mai de cette année, en la présence de l'empereur Sigismond, il entretient le concile de vaines démarches faites auprès de Benoît XIII. On l'a cité, il n'est pas venu ; tous les articles contre lui proposés ont été sérieusement examinés, on a reçu le serment de tous les témoins qui doivent être entendus, et l'accusé, toujours absent, affecte de mépriser les ordres et l'autorité du concile (2). Il faut en finir avec Benoît comme avec ses compétiteurs. La décision fut bientôt prise. Annonçant, le 5 juin, la conclusion de cette affaire et la dissolution prochaine du concile, le cardinal de Saint-Marc put faire son discours sur ce thème : « Voici le temps où Dieu doit
« commencer son jugement par sa propre mai-

---

(1) Labbe, *Concilia*, t. XII, col. 68.
(2) *Ibid.*, col. 222.

« son (1). » Tous les prétendants à la papauté s'étant aliéné les esprits en invoquant des droits réputés sans valeur, le concile va déférer l'héritage de saint Pierre à un homme nouveau, qui sera vraiment, on l'espère du moins, le serviteur des serviteurs de Dieu. Le 30 octobre, Guillaume Fillastre présente les résolutions prises par les nations : elles ont décidé qu'avant la clôture du concile, car on se méfie maintenant de tout le monde, le pape futur réformera par de sages décrets et sa cour et son gouvernement, et elles ont dicté les articles, au nombre de dix-huit, sur lesquels portera la réforme (2). Enfin, l'élection du nouveau pape consommée, c'est Guillaume Fillastre qui vient lire le texte des décrets promulgués par Martin V (3).

On voit quelles furent, au concile de Constance, et l'autorité de ce cardinal et son active influence. Il eut, dès lors, un aussi grand nom dans l'église que le cardinal de Cambrai, Pierre d'Ailly, ou Jean Charlier de Gerson. Au mois de novembre 1420, Martin V le pourvut en commende de l'archevêché d'Aix (4), et en 1422 de l'évêché de Saint-Pons. Nous le voyons en même temps prieur de Saint-Ayoub et légat du pape à la cour de France. Mais son séjour en France ne fut pas

---

(1) Première épître de saint Pierre, ch. iv, 17. — Labbe, *Concilia*, t. XII, col. 224.
(2) Labbe, *Concilia*, t. XII, col. 243.
(3) *Ibid.*, col. 252, 251.
(4) *Gallia christiana*, t. IX, col. 174.

de longue durée. Quand il revint à Rome il fut nommé archiprêtre de Saint-Jean-de-Latran (1), et se fit bâtir un splendide palais, où il mourut le 6 novembre 1428. Il fut enseveli dans l'église de Saint-Chrysogone, où son tombeau se voit encore, orné de l'inscription suivante :

Sepulchrum
Guillelmi, tituli Sancti Marci presbyteri cardinalis,
Cenomanensis diœcesis,
Ministri ecclesiæ Sancti Chrysogoni,
Olim decani Remensis,
Juris utriusque doctoris.
Habeat Deus quam creavit animam ;
Habeat natura quod suum est,
Expectans resurrectionem et utriusque vitam æternam ;
Oportet enim corruptibile hoc induere incorruptionem
Et mortale hoc induere immortalitatem.
Obiit anno Domini MCCCCXXVIII,
Mense novembri, die vero sexta,
Ætatis suæ octogesimo (2).

Si l'on a beaucoup loué son mérite, on a mal parlé de ses mœurs. On l'accuse d'avoir trop aimé les femmes et « d'avoir longtemps vécu dans une incon- « tinence scandaleuse (3) ; » mais en même temps on l'excuse d'avoir ainsi vécu, en faisant remarquer que « l'homme ne peut être parfait. » C'est une excuse

---

(1) Ciacconius, *Vitæ pontif.*, t. II, col. 807.
(2) Piolın, *Histoire de l'église du Mans*, t. V, p. 124.
(3) Le Corvaisier, *Histoire des évêques du Mans*, p. 718.

au moins singulière. Mais elle est d'un historien du xvii° siècle, qui avait sous les yeux une foule de prélats français auxquels il déplaisait peu d'être signalés comme ayant le même genre d'imperfection. Au commencement du xvi° siècle les mœurs des cardinaux étaient, en général, moins relâchées ; déjà cependant le désordre était grand, et ce qui le prouve c'est que la vie « scandaleuse » de notre cardinal ne nuisit en rien à sa fortune. Jacques Lenfant nous a transmis son portrait (1), fort mal gravé et nous ne savons d'après quel document. Il a la tête renversée et les mains jointes ; ce qui est l'attitude d'un prédicateur. Au-dessus du portrait sont ses armes : de gueules à la tête de cerf d'or, avec une bordure dentelée de même. La tête de cerf indique le doyen de Reims. Mais il manque sur ces armes gravées la devise de Fillastre, qu'on lisait à Reims sur le même écusson, dans la maison du cloître. Cette devise était « lie- « ment, » c'est-à-dire « gaiement (2). » Il faut reconnaître qu'il l'avait bien choisie. Dans ses discours et ses écrits il y a l'entrain de la gaieté, et ses mœurs, on l'a dit, n'étaient pas sévères.

Le recensement des écrits laissés par Guillaume Fillastre est maintenant à faire. Ces écrits, tant imprimés qu'inédits, sont assez nombreux. Nous parlerons d'abord de ceux qui ont été imprimés.

(1) *Histoire du concile de Pise*, t. I, p. 142.
(2) Varin, *Archives administratives de Reims*, t. I, p. 723.

M. Varin a publié, dans ses *Archives législatives de la ville de Reims*, t. I des Statuts, p. 4-33, un règlement pour cette église que Guillaume Fillastre a rédigé comme doyen. Voici le titre : *Ordo receptionum, forma juramentorum, notitia dignitatum ecclesiœ Remensis.* Ce titre indique assez clairement ce que l'écrit contient. Pour composer son règlement nouveau, Fillastre s'est servi de l'ancien rituel de l'église de Reims, mais en a plus d'une fois modifié les termes. Quelques-unes de ces modifications ont été signalées par M. Varin.

Les trois discours prononcés par Guillaume Filastre dans le concile national de 1406 ont été publiés par Bourgeois du Chastenet, d'après un manuscrit de Saint-Victor, parmi les Preuves de sa *Nouvelle histoire du concile de Constance.* Le premier commence à la page 125 de ces Preuves et finit à la page 141 ; le second est à la page 153 ; le troisième s'étend de la page 199 à la page 211. Jacques Lenfant en a donné d'assez longs extraits dans son *Histoire du concile de Pise.* Quoique ces discours aient été récités devant une grave assemblée, on y remarque beaucoup de passages écrits sur le ton familier. C'était le genre particulier de l'orateur. Il dit les choses aisément, vivement, réfute des doctrines avec des anecdotes, excite au rire les gens qui pensent comme lui, et les autres à la colère. Il n'a pas le ton qui persuade. Ces trois discours méritaient d'être conservés : les premières années du xve siècle ne nous fournissent pas beaucoup d'autres exemples de cette éloquence naturelle et originale.

Viennent ensuite les deux mémoires latins qui furent distribués au concile de Constance. Le premier de ces mémoires, qui a pour objet de définir les devoirs du concile, a été imprimé par Hermann von der Hardt au tome II de son recueil intitulé : *Res concilii œcumenici Constantiensis;* col. 208-213. Le deuxième, qui concerne le droit de vote, est inséré dans le même tome du même recueil, col. 226-231.

Tels sont les ouvrages imprimés de notre docteur. Quelques-uns de ses ouvrages inédits n'ont pas été jugés moins dignes d'intérêt.

Un manuscrit de la bibliothèque de Nancy contient la traduction de la *Cosmographie* de Ptolémée par Jacques Angelo, avec des cartes et des notes de Guillaume Fillastre qui ont été la matière d'intéressantes remarques. On apprend dans ces notes, dans ces cartes, selon M. Raymond Thomassy, l'idée qu'on avait au commencement du xve siècle tant du Groënland que des autres terres septentrionales (1), et ces documents sont d'une grande importance. Fillastre a rédigé ces notes peu de temps avant sa mort, en 1427. C'est ce qu'il nous apprend lui-même dans le passage suivant : « En cette année du Seigneur 1427, durant

---

(1) *Guillaume Fillastre considéré comme géographe,* dans le *Bulletin de la Société de géographie;* février 1842.

« laquelle ces cartes ont été dessinées, deux ambas-
« sadeurs du prêtre Jean, l'un chrétien, l'autre infi-
« dèle, vinrent à la cour d'Alphonse, roi d'Aragon ;
« le cardinal de Foix les vit à Valence chez ce roi et
« ils lui dirent qu'ils étaient envoyés vers le pape
« Martin V. C'est ce que ledit cardinal vint rapporter
« au pape, en la présence de moi, cardinal de Saint-
« Marc, qui ai fait dessiner ces cartes d'après un
« exemplaire grec. » — Un manuscrit de la bibliothèque de Reims est ainsi désigné par M. Gustave
Haënel : *Cosmographia Pomponii Melœ et alia,
Cæsaris atque itinera, cum præfatione Guillelmi
Fillastri hunc librum ecclesiæ Remensi mittentis.*
La préface de Guillaume Fillastre est une lettre de
vingt pages. La même bibliothèque possède, suivant
M. Raymond Thomassy, un autre exemplaire de la
version de Ptolémée par Jacques Angelo, avec d'autres
notes de Guillaume Fillastre. C'est peut-être le volume
désigné par M. Haënel sous ce titre : *Mss. quœdam
Guillelmi Fillastri.* — Enfin M. Haënel mentionne
comme existant dans la même bibliothèque divers
traités de droit civil écrits de la propre main du cardinal de Saint-Marc.

D'autres écrits du même auteur paraissent perdus,
s'ils ont réellement existé. Ainsi Cl. Menard et Chacon
assurent qu'il était fort habile dans les mathématiques,
et ils ajoutent que, très-versé dans la langue grecque, il
a traduit en latin divers dialogues de Platon. Cette

dernière assertion nous semble peu digne de foi. Assurément Guillaume Fillastre savait le grec, comme le savaient ses contemporains Léonard d'Arezzo, Philelphe, François Strozzi, Jacques Angelo et tant d'autres, disciples de Manuel Chrysoloras, qui fut son collègue au concile de Constance et peut-être son ami ; mais nous doutons qu'on ait eu à Rome un texte grec de Platon avant l'année 1528.

FILLASTRE (JACQUES).

Parent, selon Le Corvaisier, du cardinal Guillaume, Jacques FILLASTRE était, selon le même historien, un des poëtes « excellents » de son temps. Ce terme paraît emphatique. Jacques Fillastre avait composé, dit-on, un livre de chants royaux en l'honneur de la Vierge et des églogues à l'imitation des cantiques, sous les noms de Philandre et de Parthénice ; mais aucune de ses œuvres n'a été conservée : il est à croire qu'aucune n'avait été imprimée.

FINET-DUVERGER.

Vers le mois de mai de l'année 1772, l'abbé Belin, archidiacre du Mans, qui était bien connu pour aimer les lettres et pour rechercher le commerce des personnes lettrées, reçut la visite d'un pauvre homme, très-humble dans ses manières et dans son langage, qui se recommandait à lui comme citoyen du Maine et comme poëte tragique. A ce double titre l'inconnu fut bien accueilli par l'aimable et savant archidiacre, qui lui demanda de l'initier aux mystères de son portefeuille. Quelques jours après, l'abbé Belin reçut la lettre suivante :

« Monsieur,

« Je m'acquitte avec bien du plaisir de la promesse que je vous ai faite, samedi dernier ; heureux si ce témoignage de mon zèle peut vous être agréable !

« Que ne puis-je par de nobles efforts mériter par la suite l'honneur de votre protection? C'est à quoi je vais travailler sans cesse. Né avec une démangeaison de rimer plutôt qu'avec un vrai talent, je n'ose vous présenter mes autres productions ; si cependant cela peut contribuer à vous amuser un seul moment, je prendrai la liberté de vous les faire parvenir. C'est dans cette confiance que je vous envoie le *Passage en Angleterre*, épigramme que j'ai faite l'année dernière.

« Je n'ai point l'orgueil (quoique j'aie fait une tragédie et quelques autres ouvrages dont on a dit quelque bien) de me croire un poëte. D'ailleurs, que puis-je faire sans une espèce de bien-être? Les Muses ne se plaisent guère avec l'indigence. En vain mon imagination travaille ; au moment qu'elle enfante, la crainte de l'avenir la fait avorter.

« Je ne suis point assez philosophe pour me mettre au-dessus des coups du sort : je n'ai pourtant jamais douté de la Providence; mais comme, jusqu'à ce jour, mes espérances les mieux fondées ont été sans effet, la crainte d'une vieillesse infirme et pauvre me tourmente.

« Quoi qu'il en soit, je vais travailler à chasser de mon esprit ces idées noires, et me livrer tout entier à mon penchant; et ce dans l'espérance de vous amuser.

« J'ai l'honneur d'être votre très-humble et obéissant serviteur,

« Finet-Duverger.

« A Valon, ce 21 mai 1772. »

Nous publions volontiers la lettre du poëte, mais non pas son épigramme, où n'est pas assez respectée la règle de l'honnêteté. En matière de littérature l'abbé Belin avait des principes peu rigides ; il aimait assez les contes badins, et les pointes les plus libres n'offensaient pas son goût. Il paraît qu'il adressa des encouragements à l'auteur de l'épigramme, et qu'il voulut bien, ayant éprouvé son mérite, lui faire quelque bien : dès lors il s'établit entre l'archidiacre et son protégé une relation qui nous paraît avoir été presque familière. Quelques mois après leur première entrevue, l'abbé Belin recevait quelques autres poëmes de Finet-Duverger. Ces poëmes, qui sont restés manuscrits, contiennent sur la vie de l'auteur des renseignements assez curieux. Nous n'aurions su les trouver ailleurs, car il est mort bien obscur, et l'on nous a fait connaître à la fois son nom et ses œuvres (1).

Il était né dans le bourg de Noyen-sur-Sarthe. Ses parents n'étaient pas riches, et, pour ce qui le touche, certains calculs d'intérêt, sur lesquels il ne s'explique pas clairement, avaient eu pour effet de l'appauvrir encore. En effet, nous lisons dans une de ses lettres : « Dans les familles il y a toujours de certaines rai- « sons d'intérêt qui sont capables elles seules de dé- « ranger la tête la plus ferme, et d'autant plus singu- « lières qu'on ne peut souvent les révéler sans faire « rejaillir sur soi une espèce de honte qui coûte beau- « coup à un homme d'honneur, dont le front n'est « pas accoutumé à rougir. » On pourrait diversement interpréter cette confidence mystérieuse ; il vaut mieux peut-être s'abstenir de toute interprétation. Quoi qu'il en soit, si, dès sa jeunesse, quelque penchant naturel l'engageait à cultiver les lettres, la

(1) M. Landel, possesseur des manuscrits de Finet-Duverger provenant de la bibliothèque de l'abbé Belin, nous les a confiés avec une obligeance à laquelle nous avons à cœur de témoigner notre gratitude.

misère lui conseilla de choisir une profession plus fructueuse ; il fut quelque temps orfèvre, puis comédien. Ce fut Mlle Clairon qui lui donna les premiers conseils et les premières leçons de déclamation tragique :

> Ayant eu pour mon guide une autre Melpomène,
> Auprès d'elle jadis j'ai paru sur la scène (1).

En 1758 il obtint la faveur très-enviée de jouer devant la cour, à Saint-Germain, et, s'il faut l'en croire, il remplit aux applaudissements de ce public choisi le rôle qui lui avait été confié. Dans quelques vers adressés à la comtesse de Tessé nous lisons :

> C'est moi qui fis jadis à ton illustre père,
> Comme il dit, le premier mouiller son œil sévère,
> Et qui dans Mahomet, jouant à Saint-Germain,
> Partageai son suffrage à côté de Le Kain.

En 1762 il parut sur la scène de Rouen avec Mlle Clairon ; puis il suivit diverses troupes en Allemagne, en Italie, en Hollande, obtenant partout, dit-il, d'éclatants succès, jusqu'au jour où, las de courir le monde, il vint chercher dans son pays natal une retraite pour sa vieillesse prochaine, chargé de gloire et non d'écus. Il avait eu pour opinion, durant le cours de sa vie théâtrale, que l'amour du gain est le propre d'une âme mercenaire,

> Soumise à tous les goûts, et faite pour tout faire (2);

---

(1) *Epître à Mad. la comtesse de La Suze.*
(2) *Epître à Mad. de Fonville.*

et quand on professe sincèrement de telles maximes on amasse peu. Aussi, dès le commencement de ses relations avec l'abbé Belin, ne crut-il pas devoir lui dissimuler le triste état de sa fortune. Celui-ci s'employa pour lui, et le recommanda dans quelques maisons de la province. Finet-Duverger allait frapper à toutes les portes, demandant un asile pour y achever tristement sa vie si mal employée, et se disant prêt à tout subir pour échapper à la nécessité de remonter sur la scène. Nous avons quelques-unes de ses pétitions : elles sont en vers, à l'adresse de Madame La Dauphine, de M. de Chennevière, de M. Pasquier, de la comtesse de Tessé, de la comtesse de La Suze, de Mme de Fonville, de l'évêque du Mans. Il s'y rencontre des vers assez bien tournés, mêlés à beaucoup d'autres qui ne valent guère. Nous en citerons quelques-uns. Voici l'épître à Mme de Fonville :

Relégué par ma faute au milieu d'un village,
Y travaillant sans cesse à l'ombre d'un treillage,
Si l'on nomme travail une démangeaison
Qui me force à rimer pourtant avec raison,
Aimable Fonville, oui (peu t'importe le titre),
Je vais t'offrir des vers sous le beau nom d'épître.
— Ce dessein, diras-tu, me paraît bien hardi ;
S'il n'est pas téméraire, il est bien étourdi.
Mais, puisque tu le veux, il faut, par complaisance,
Connaître enfin ton style et voir ton éloquence.

— Volontiers : s'il n'est pas brillant, harmonieux
Pour charmer ton oreille et plaire aux envieux,

Il n'en dira pas moins, et cela sans rien feindre,
Le motif qui le fait à ce point te contraindre.
En effet, et qu'aurais-je à redouter d'un cœur
Qui d'obliger, dit-on, s'est toujours fait honneur ;
Qui, depuis qu'il existe, a montré pour les Muses
Un noble attachement dont elles sont confuses ;
A protégé, protége en tous lieux leurs enfants
Et les force par là d'être reconnaissants ?
Comme j'ai cet honneur dès longtemps en partage,
Tu ne peux refuser d'agréer mon hommage.
D'ailleurs à qui pourrais-je, en mon malheureux sort,
Confier mieux mes pleurs et confesser mon tort ?
Possédé du désir de vivre plus tranquille,
Préférant pour cela la campagne à la ville,
Où je croyais trouver, ainsi qu'au bon vieux temps,
Les jeux et les plaisirs parmi ses habitants,
Fruits que j'ai vus jadis naître de l'abondance,
Je n'ai trouvé que pleurs, enfants de l'indigence.
Mécontent cependant de m'être ainsi trompé,
D'un sombre déplaisir mon esprit est frappé,
Au point qu'il ne sait plus que faire et qu'entreprendre.

. . . . Et voilà ma tristesse.
J'aperçois l'indigence assiéger ma vieillesse,
Et la mort après elle en d'indignes tombeaux
Ensevelir mon nom ainsi que mes travaux.
Toi seule, si tu veux, tu peux avoir la gloire
D'ôter de mon esprit une image aussi noire,
Contre un si grand malheur tu peux le rassurer
Et du sombre avenir l'instruire et l'éclairer.
N'ayant encore atteint que mon neuvième lustre,
J'espère, près de toi, rendre mon nom illustre,
Sans cesse concourir dans le métier des vers

Et, guidé par ton goût, éclairer l'univers...;
Unir, quand tu voudras, cet art que j'idolâtre
A celui de monter chaque jour au théâtre;
De tes plaisirs toujours me former une loi,
N'être auteur et poëte, en un mot, que pour toi.
Voilà ce que j'avais projeté de t'écrire
Et l'unique bonheur en ce jour où j'aspire;
Heureux si, ne mettant point d'obstacle à mes vœux,
Tu combles tes vertus en faisant un heureux!

Ces vers, d'un style souvent incorrect, sont évidemment inférieurs à ceux que nous avons coutume d'appeler médiocres; nous les avons cités parce qu'ils nous semblent bien représenter l'auteur, assez infatué de lui-même et néanmoins faisant le métier du courtisan le plus humble à l'égard des gens dont il est ou désire être l'obligé. Nous remarquons que les derniers vers de l'épître à Mme de Fonville pourraient être diversement interprétés : de la part d'un autre homme que Finet-Duverger on les prendrait pour une déclaration galante; mais, afin qu'il n'y ait sur ce point aucune méprise, nous allons publier une traduction de ce passage équivoque, telle que nous la trouvons dans une lettre à l'abbé Belin :

« J'ai été mercredi dernier et jeudi chez Mme de Fonville, à qui j'ai eu l'honneur de remettre mon épître, ainsi que celle que j'ai faite à M. Chennevière... Sur ce que je lui ai dit que j'avais joué la comédie, elle m'a paru surprise de ce que je l'avais quittée et ne voulais pas la reprendre, en m'ajoutant qu'elle ne pouvait me procurer aucune place dans la province du Maine. Je lui ai répondu que j'étais las de cette vie ambulante, et que j'en aimerais mieux une plus tranquille, fût-elle moins lucrative. Enfin, comme j'aurai l'honneur de la revoir, je verrai ce qu'elle me dira... »

Nous venons d'entendre Finet-Duverger plaidant sa cause devant Mme de Fonville en des termes assez mondains. Quand il prend la parole devant un personnage dont l'oreille n'est pas ouverte à ces douces flatteries, il parle sur un autre ton. Voici la proposition étrange qu'il adresse à l'évêque du Mans :

> Permets que sous ton aile, à l'ombre de tes armes (1),
> Pour la religion remplissant tout d'alarmes,
> J'attaque en athelète un mortel estimé (2),
> Que Genève enfanta, que l'orgueil a formé.
> Qui peut mieux qu'un poëte à ce noble adversaire
> Adresser le cartel et rompre la barrière ?
> Qui peut mieux lui montrer ses funestes écarts
> Qu'un mortel enrôlé sous de tels étendards,
> Et porter à ses traits un souverain remède
> En osant lui prouver qu'il pense en quadrupède ?
> Mes efforts, si tu veux, loin d'être superflus,
> Pourront le rendre un jour aux plus nobles vertus ;
> Mais rien sans ton aveu ne me sera facile ;
> Il faut pour mon projet un protecteur habile...

On le voit, les promesses ne coûtaient rien à Finet-Duverger ; il était vraiment doué de l'esprit d'entre-

---

(1) Cette épître est adressée à l'évêque Grimaldi, dont l'écusson portait : *Deo juvante.*
(2) **J.-J.** Rousseau.

prise, et rien ne lui semblait supérieur à ses forces :

Je sens que je suis né pour les plus grands projets, écrivait-il à Mme de Tessé ;

> Nombre de canevas sont gravés dans ma tête,
> Et si tu ne mets point néant à ma requête,
> Je compte près de toi, malgré les envieux,
> Faire passer mon nom à nos derniers neveux!

Hélas! est-il vrai que l'envie ait elle-même attenté au repos de ce pauvre poëte? Voltaire, qui avait eu occasion de la connaître, nous représente l'Envie cherchant les lauriers pour y verser les poisons de sa bouche: il y a donc lieu de croire que notre homme nous dénonce une persécution imaginaire, ou que le monstre affamé ne savait pas où mordre quand il s'est abattu sur une aussi vile proie.

Nous ne connaissons pas une tragédie de Finet-Duverger, où M. de Chauvelin avait, nous dit le poëte, « trouvé bien du bon : » il faut donc regretter qu'elle soit perdue. L'abbé Belin aurait dû nous la conserver, plutôt que certaine satire inspirée sans doute par la lecture des poëmes les plus licencieux de Piron.

Mlle Clairon ne nomme pas Finet-Duverger dans les *Mémoires* qu'elle nous a laissés. Les comédiens dont elle daigne parler, comme l'ayant assistée sur la scène, sont Le Kain, Larive, Molé, les illustres rivaux de sa gloire.

IV

FLACÉ (RENÉ).

René FLACÉ est né à Noyen-sur-Sarthe, le 28 novembre 1530. Nous avons peu de renseignements sur les premières années de sa vie, qu'il semble avoir toutes passées au lieu de sa naissance. Dans le titre d'un de ses poëmes, achevé, comme nous le dirons, avant la fin de l'année 1560 (1), il se dit lui-même *apud Novianos humanarum litterarum professor* ; il était donc alors professeur au petit collége de Noyen. Il fut plus tard curé de la Coûture. Il administrait cette cure en l'année 1576, quand il fut chargé par le clergé du Maine, avec Guy Peccate et d'autres, de rédiger les cahiers qui devaient être présentés aux états convoqués dans la ville de Blois (2). La Croix du Maine s'exprime sur lui dans ces termes :
« Celui-ci mérite, pour beaucoup de raisons, d'être
« recommandé et loué de tous les hommes d'honneur,
« tant pour la bonne vie qu'il mène que pour les
« vertus qui sont en lui ; car il ne s'adonne qu'à
« toutes choses profitables au bien public, et surtout
« à l'honneur de Dieu, soit en prédications et ins-
« tructions de la jeunesse, qu'il a en charge en son
« collége de la Coûture au Mans, fort célèbre pour

---
(1) *Speculum hæreticorum carmine perstrictum.*
(2) Piolin, *Histoire de l'église du Mans*, t. V, p. 518.

« être empli d'une infinité de gentilshommes et autres
« enfants de maison honorable, auxquels il fait
« apprendre les lettres humaines, la musique, l'écri-
« ture et tous autres exercices propres à la jeu-
« nesse bien instruite. » Suivant un manuscrit de
l'abbé Gilles Négrier de la Crochardière (1), René
Flacé n'enseigna pas à la Coûture, mais au collége de
Saint-Benoît, fondé en 1528 par le chanoine Jean
Dugué. Il n'y avait pas alors, dit-on, de collége à la
Coûture (2). Cependant le témoignage de La Croix du
Maine, parlant de ce collége, paraît formel, et Flacé
lui-même date en ces termes un de ses livres :
E museolo Culturæ curionatus (3). On croit tout
concilier en supposant que le collége de Saint-Benoît,
anciennement appelé Collége du Mans, s'est peut-
être aussi nommé Collége de la Coûture ; mais cela
est d'autant moins vraisemblable, qu'il a toujours
été administré par les chanoines de Saint-Pierre (4).
La Croix du Maine n'a-t-il pas plutôt fait usage
d'un terme impropre, en appelant collége une simple
école, une petite académie, *museolum* ? Sur ce point
obscur nous énonçons de simples doutes. Quoi qu'il
en soit, le savant curé de la Coûture publiait à Paris,

(1) Mss. de la Bibl. du Mans, n° 351, in-4°.
(2) Mélanges manuscrits des Bénédictins, à l'Institut de France, t. II, fol. 59.
(3) *Catechismus catholicus*.
(4) Cauvin, *Recherches sur les établissements de charité*, p. 115.

risa pas cette publication, considérant qu'il était impie de traduire en français des prières déjà traduites en grec de l'hébreu et du grec en latin. Le même parlement n'en vint-il pas, sur une autre plainte de la même Sorbonne, à réprimander les professeurs du Collège royal, qui, pour enseigner la langue sainte, interprétaient devant leurs auditeurs quelques passages des livres saints ? Mais, disons-nous, en l'année 1582, si grande que fût encore l'ardeur des passions religieuses, on n'avait plus les mêmes griefs contre les prières en rime française, et notre curé de la Coûture put distribuer son volume sans être inquiété.

Il donna quelques années après la suite longtemps promise de son catéchisme latin, sous ce titre : *Catechismi catholici pars posterior, in qua puer magistrum interrogat de rebus ad justitiam pertinentibus*; Le Mans, 1590, in-4°. L'année suivante : *De admirabili ascensione Christi carmen panegyricum*; Le Mans, Olivier, 1591, in-8° : poëme dédié à Claude d'Angennes, évêque du Mans. Le dernier des écrits qu'il fit imprimer est en prose française et a pour titre : *Copie d'une lettre envoyée par le curé de la Coûture à un sien confrère et ami, touchant le dernier concile de Tours*; au Mans, Olivier, 1592, in-8°. Le concile de Tours, dont il est ici mention, avait décidé qu'un enfant ne devait pas être admis sur les fonts baptismaux assisté de plusieurs parrains et de plusieurs marraines : malgré cette décision et un mandement de l'évêque du Mans, de 1588, quelques prêtres tenaient au vieil usage : le curé de la Coûture les exhorte à la soumission. René Flacé mourut dans sa cure, le 15 septembre 1600.

Mais nous n'avons pas encore fait connaître toutes ses œuvres. Dans la *Cosmographie* de Belleforest (1) et les *Coutumes du Maine* de Bodreau, on lit un poëme latin de Flacé sur l'origine des Cénomans :

Quis dederit nomen, quid mœnia cinxerit urbi
    Quam Cenomanus habet, jam reserare velim.

Telle est la matière du poëme. A cette question, assurément fort obscure, le poëte répond ensuite sans hésiter. Aux temps les plus anciens, au temps où les Juifs étaient gouvernés par des juges, existait la ville du Mans, illustre par ses braves. Un roi celte, nommé *Lemanus*, l'avait fondée : c'est à lui qu'elle doit ses murailles en briques rouges :

Mœnia construxit lapidum compage rubenti.

Tout le pays d'alentour s'appela du même nom *Lemania*. Plus tard, il est vrai, ce nom fut changé ; la Lémanie devint la Cénomanie. Ce change-

(1) Le poëme de Flacé, *De Cenomanorum origine*, est au t. I de la *Cosmographie*, in-fol, p. 43. Il y a quelques fautes dans le texte. La bibliothèque du Mans possède de ce poëme un manuscrit du XVIe siècle, qui vaut mieux que l'imprimé. Il se trouve, à la suite d'autres pièces, dans le n° 97, in-4°.

ment doit donc être expliqué. Voici l'explication facilement donnée. *Cinus* était un prince ligurien, qui, s'étant emparé d'un vaste territoire au pays des Etrusques, avait appelé *Cinenses*, de son nom, les peuples qu'il avait soumis à ses lois. Quelques siècles après, les guerriers de la race de *Lemanus*, les Lémans, franchissent les Alpes et vont livrer aux *Cinenses* de grands combats :

> Huc se proripiunt aliquot post lustra Lemani,
> Hunc voluere novis sedibus esse locum :
> Tusca sed obsistunt audacibus agmina cœptis;
> Externis aditum prælia dura negant.

Enfin, après ces grands combats, les Lémans vainqueurs envahissent les villes, ravagent les champs, et, quand ils sont devenus les maîtres du pays, dont ils ont exterminé toute la jeunesse, chacun d'eux se choisit une compagne parmi les veuves. Ainsi les deux races furent unies, et les deux noms des deux peuples, *Cinenses*, *Lemani*, ont formé par contraction le nom d'un seul, *Cinomani*, *Cenomani*, Cénomans :

> Claraque quo fierent veterum monumenta parentum,
> Ex gemino populus nomine nomen babet.

Le poëme fait ensuite le dénombrement des villes italiennes que, dans la suite, les Cénomans envahirent et dominèrent ; puis il raconte leur glorieux retour au Mans et recommence la description de cette ville, devenue plus tard capitale d'un grand royaume :

> Hactenus urbs etenim vulgari voce Lemanum
>   Dicitur ; auctori gloria prisca manet.
> Delectatus enim placida regione Lemanus,
>   Turribus extructis mœnia firma locat.
> Amplior hujus erat quam nunc est ambitus urbis,
>   Prævalida ex rubeis quatuor una fuit;
> Urbs inter primas quondam numerata potentes,
>   Urbs generosa viris, urbs spatiosa loco,
> Cara suo regi tanta ditione potita est,
>   Ut celebris regni cœperit esse caput...

Nous nous arrêtons là. Si naïf que soit Belleforest, il confesse n'avoir pas une entière confiance dans cette légende héroïque. Ajoutons que Flacé ne l'a pas inventée ; il a simplement mis en vers une fable tirée des *Antiquités* de Jean Nanni, de Viterbe.

Un autre poëme latin de Flacé est encore inédit. Nous le trouvons dans le numéro 8405 des Manuscrits latins, à la Bibliothèque nationale, avec ce titre : *Speculum hæreticorum carmine perstrictum, in quo seditiosarum nostri temporis factionum origo ac mores ad vivum exprimuntur, auctore Renato Flacæo, Cenomano, apud Novianos humanarum litterarum professore.* Ce poëme, en vers hexamètres, est de la jeunesse de Flacé. Il y parle du roi François II comme régnant, et ce prince mourut le 15 décembre 1560. En outre, il y mentionne l'entrée récente d'un évêque nouveau dans la ville du Mans, et cet évêque nouveau doit être Claude d'Angennes, qui, selon le *Gallia christiana*, prit possession de son diocèse le 22 octobre 1559. Ainsi l'auteur n'avait pas trente ans lorsqu'il acheva ce poëme. On ne s'étonnera donc pas d'y trouver de violentes invectives contre les hérétiques : en rien la jeunesse ne connaît ce que l'âge mûr appelle la mesure, et cependant il faut moins louer que plaindre les gens qui n'ont jamais été jeunes, qui n'ont jamais été violents.

Le poëme commence à la création du monde : le premier-né de tous les hérétiques est le serpent. Ayant mis en vers le discours du serpent à la première femme, et gémi sur les calamités qui furent la suite de cette première séduction, l'auteur voue la tête du serpent à toutes les mutilations qui se peuvent imaginer ; ce qui lui fournit déjà l'occasion de vouer la tête de Luther au même genre de supplice. Il n'y manque pas :

> Quid superest igitur ? Lutheri cane pejus et angue
> Evitanda, rogis urendaque dogmata sævis,
> Ne, sicut mendax homini fallacia magnum
> Attulit exitium et multo spoliavit honore,
> Sic Lutheri impietas insanum dogma secutos
> Judicio justo Stygias demergat in undas.

Satan revient en scène à la naissance du Christ ; il essaye vainement de le tenter. Il suscite plus tard les persécutions contre les chrétiens, et, après les persécutions, les hérésies. Flacé consacre quelques vers à chacune des hérésies et les nomme toutes, comme Lucain, dans sa description de la Libye, nomme tous les serpents et décrit leurs morsures diverses. Il arrive enfin à Luther, à Zwingle, à Calvin, et félicite François II d'avoir enfin ordonné de les exterminer par le glaive. C'est une allusion aux massacres qui suivirent la découverte de la conjuration d'Amboise :

> Sic nunc sunt mores hominum, sic vivitur, urbes
> Hinc sceptro exitium passim jurasse feruntur,
> Moribus ut merito pollens Franciscus avitis,
> Maturamque gerens juvenili in corpore mentem,
> Interitum sectis fallacibus ense pararit,
> Quando aliter solvi violenta tragœdia nescit.
> Cujus opus dextro Deus ipse favore secundet,
> Ut fera monstra pius nostris exterminet oris !

Ce catholique trop zélé veut bien, toutefois, accorder que, parmi les griefs des hérétiques, il y en a de fondés ; il estime, en effet, que les mœurs des clercs ne sont pas irréprochables et que certains abus doivent être au plus tôt réformés. C'est en exprimant ce vœu qu'il termine son poëme :

> At quia pretextu morum defenditur error,
> Concilio statuit (1) solita ratione coacto,
> Ad solitum nostros mores revocare nitorem.
> Expetit ac primum (summe quod convenit orbi)

(1) Le roi.

Suggerat ut gregibus verbo pia pabula pastor
Edictoque vetat caulis abscedere mystas,
Quos residere monet vigiles in munere tanto,
Ut proprii pecoris vultum dignoscere possint.
Quod fieri cœptum nostris gaudemus in oris,
Præsulis adventu (1) cujus vigilantia, summo
Prædita consilio et constanti pectore fulta,
Errorum tenebras nostro de climate tollet,
Si tandem annuerint ejus pia numina votis.

Enfin il y a quelques mots à dire sur les œuvres perdues de René Flacé.

La Croix du Maine connaissait : une tragédie française, intitulée *Elips, comtesse de Salbery*, représentée au Mans, au mois de juin de l'année 1579, ainsi qu'une chanson en l'honneur de cette comtesse ; d'autres tragédies, des comédies et des noëls. Mais, ou ces pièces sont restées manuscrites, ou, si elles ont été imprimées, les exemplaires en sont fort rares. Elles ne nous sont signalées par aucun catalogue.

Voici notre jugement sur les poésies françaises de Flacé. Contemporain de Ronsard et de Baïf, il ne mérite pas d'être compté parmi les astres de la célèbre pléiade. S'il appartient à l'école des novateurs, il ne connaît pas bien les secrets de leur idiome, il pèche souvent contre les règles qu'ils ont récemment établies. Cependant il faut aussi lui reconnaître certaines qualités poétiques : sa manière est ferme, sa phrase

---

(1) Claude d'Angennes, évêque du Mans.

n'est pas d'une mauvaise construction ; s'il néglige l'harmonie du vers, il s'attache davantage à l'harmonie de la période, et, quand il s'emporte, parfois il frappe avec la vigueur de Rotrou. Quant à ses poésies latines, elles sont moins libres et plus correctes ; ici notre professeur de belles-lettres avait des modèles à suivre, et, de loin sans doute, il les a suivis.

FOUCHER (CHARLES).

Charles FOUCHER, du Mans, est auteur de l'ouvrage suivant : *Caroli Fucherii, Cenomani, dialogus salutaris, in quo juvenis et sapiens introducuntur;* Paris, Vidoué, in-8°, sans date. C'est un traité de morale, composé de seize pages, en vers élégiaques. Charles Foucher vivait au XVIe siècle; on en a la preuve dans une lettre de Mathurin Le Teissier, de Mamers, à André Philon, sur le poëme de son ami. Cette lettre se lit à la fin de ce poëme.

FIN DU QUATRIÈME VOLUME.

TABLE

DES

NOTICES CONTENUES DANS CE VOLUME

	Pages.
Desboys du Chastelet (René)....................................	1
Desjardins (Catherine)...	5
Deslandes-Girard...	38
Dieuxivoye (Bertin de)...	39
Doudieux (Etienne)..	41
Du Bellay (Jean), abbé...	43
Du Bellay (Guillaume)..	44
Du Bellay (Jean), cardinal......................................	106
Du Bellay (Martin)...	157
Du Bellay (René)...	164
Dubois (Louis)..	168
Dubouchet (Michel)...	169
Du Boulay (César-Égasse).....................................	170
Du Boulay Pierre-Egasse).....................................	181
Dubreuil (Michel)..	182
Dubuisson (Paul-Ulrich)..	183
Dugué (Claude)..	195
Du Guesclin (René)...	197
Duhail Des Ouches (Louis-Étienne).........................	198
Duperray (Michel)...	199
Durand (Jean-Baptiste)..	203
Du Rubay (Yves)...	Id.
Du Tertre (Jacques)..	205
Du Thier (Julien)...	208

Du Tronchay (Baptiste)	208
Du Tronchay (Gaspard)	210
Du Tronchay (Baptiste-Louis)	211
Du Tronchay (Mathurin)	213
Edmond	214
Esnaud (Félix)	215
Esturmy	Id.
Esturmy de Villecour	216
Faissot	217
Faribault-Desforges	218
Ferré (Louis)	Id.
Fillastre (Guillaume)	219
Fillastre (Jacques)	244
Finet-Duverger	245
Flacé (René)	254
Foucher (Charles)	265

FIN DE LA TABLE DES NOTICES.

Le Mans. — Imp. Ed. Monnoyer. — 1872.

CPSIA information can be obtained
at www.ICGtesting.com
Printed in the USA
BVHW040313070219
539516BV00027B/388/P